SOUS VIDE

Alexandre Vargas
Bruno Rappel

SOUS VIDE

MANUAL PARA COCÇÃO EM BAIXA TEMPERATURA

2ª EDIÇÃO

EDITORA SENAC RIO – RIO DE JANEIRO – 2022

Sous vide: *manual para cocção em baixa temperatura* © Alexandre Vargas e Bruno Rappel, 2018.

Direitos desta edição reservados ao Serviço Nacional de Aprendizagem Comercial – Administração Regional do Rio de Janeiro.

Vedada, nos termos da lei, a reprodução total ou parcial deste livro.

Senac RJ

Presidente do Conselho Regional
Antonio Florencio de Queiroz Junior

Diretor Regional
Sergio Arthur Ribeiro da Silva

Diretor de Operações Compartilhadas
Pedro Paulo Vieira de Mello Teixeira

Diretor de Educação Profissional Interino
Claudio Tangari

Editora Senac Rio
Rua Pompeu Loureiro, 45/11° andar
Copacabana – Rio de Janeiro
CEP: 22061-000 – RJ
comercial.editora@rj.senac.br
editora@rj.senac.br
www.rj.senac.br/editora

Editora
Daniele Paraiso

Produção editorial
Cláudia Amorim (coordenação), Manuela Soares (prospecção), Andréa Regina Almeida, Gypsi Canetti e Michele Paiva (copidesque e revisão de textos), Priscila Barboza, Roberta Silva e Vinícius Silva (design)

Projeto gráfico de capa e de miolo e diagramação
Gustavo Coelho

Copidesque e revisão de texto
Jacqueline Gutierrez

Fotografia
Victor Rocha

Impressão: Imos Gráfica e Editora Ltda.
2ª edição: setembro de 2022

CIP-BRASIL. CATALOGAÇÃO NA PUBLICAÇÃO
SINDICATO NACIONAL DOS EDITORES DE LIVROS, RJ

V426s
2. ed.

    Vargas, Alexandre
       Sous vide : manual para cocção em baixa temperatura / Alexandre Vargas, Bruno Rappel. - 2. ed. - Rio de Janeiro : Ed. Senac Rio, 2022.
       160 p. ; 28 cm.

       ISBN 978-65-86493-64-1

       1. Gastronomia. 2. Culinária - Sous vide. 3. Culinária - Manuais, guias, etc. 4. Culinária - Orientação profissional. I. Rappel, Bruno. II. Título.

22-78690

                                         CDD: 641.5
                                         CDU: 641.5

Gabriela Faray Ferreira Lopes - Bibliotecária - CRB-7/6643

Sumário

PREFÁCIO DA 1ª EDIÇÃO • 7

INTRODUÇÃO • 11

CAPÍTULO 1. BREVE HISTÓRICO DA COCÇÃO EM BAIXA TEMPERATURA NA COZINHA MODERNA E SUAS VANTAGENS • 13

CAPÍTULO 2. MATERIAIS PARA COCÇÃO EM BAIXA TEMPERATURA • 17

EQUIPAMENTOS PARA COCÇÃO • 18

RECIPIENTES E TAMPAS PARA USO DE TERMOCIRCULADORES DE IMERSÃO • 22

EMBALAGENS • 26

TERMÔMETROS • 28

MÁQUINAS SELADORAS A VÁCUO • 28

CAPÍTULO 3. FATORES IMPORTANTES PARA COCÇÃO EM BAIXA TEMPERATURA • 35

SEGURANÇA ALIMENTAR • 36

TEMPERATURA E TEMPO • 40

CAPÍTULO 4. CARACTERÍSTICAS QUÍMICAS DOS ALIMENTOS A SEREM CONSIDERADAS NA COCÇÃO EM BAIXA TEMPERATURA • 43

CARNES • 45

FRUTAS E HORTALIÇAS • 47

REAÇÃO DE MAILLARD • 49

CAPÍTULO 5. COCÇÃO EM BAIXA TEMPERATURA • 51

ESTRATÉGIAS DE COCÇÃO • 52

PROCESSOS DA COCÇÃO EM BAIXA TEMPERATURA • 55

APLICAÇÃO DA COCÇÃO EM BAIXA TEMPERATURA • 70

CAPÍTULO 6. COCÇÃO EM BAIXA TEMPERATURA NA COZINHA BRASILEIRA • 85

RECEITAS DE BASE • 86

ENTRADAS • 89

PRATOS PRINCIPAIS • 111

SOBREMESAS • 137

REFERÊNCIAS • 155

Prefácio da 1ª edição

Sous vide é uma técnica de cocção em que os alimentos são embalados a vácuo e, então, cozidos sob temperatura precisamente controlada. A explicação desse método pode parecer quase simplória; e arrisco dizer que pode esconder as infinitas possibilidades oferecidas a um cozinheiro. Para mim, é ainda mais especial pela conexão que tem com minha família.

O restaurante La Maison Troisgros foi o primeiro a empregar a técnica *sous vide*, na década de 1970. Meu avô Pierre procurava um meio de diminuir a perda de gordura e otimizar o preparo do *foie gras*. Ele conhecia Georges Pralus, que já usava o método na indústria alimentícia, e juntos desenvolveram um modo de utilizar a *sous vide* no restaurante. O resultado foi um aproveitamento até 90% maior do *foie gras*.

Desde então, o método vem se disseminando e nos últimos 10 anos ganhou evidência por todo o mundo, dos maiores aos menores restaurantes. Graças à difusão do termocirculador, que tem seu uso original na indústria farmacêutica, está cada vez mais fácil e mais barato utilizar esse tipo de cocção.

São três as principais vantagens de cozinhar em baixa temperatura: consistência, qualidade e textura. Para proteínas, o método oferece uma precisão de cozimento incrível. Para legumes e frutas, garante crocância e uma cor muito mais vibrante.

Meu primeiro contato com a técnica foi no restaurante Mugaritz, na Espanha. No entanto, aprendi mais a fundo com o mestre Laurent Suaudeau e sigo usando há 4 anos no Olympe. Nesse restaurante vamos aos extremos – desde o ovo, que leva 12 minutos, até a costela de boi, que tem 48 horas de cozimento, entre outros.

O essencial para o bom aproveitamento da *sous vide* é entender que não basta retirar do vácuo e servir; o preparo precisa ser finalizado. Muitas vezes, o *chef* olha o "manual", mas não adapta as receitas para seu estilo, sua personalidade, e os pratos ficam com a mesma cara, a mesma textura e o mesmo sabor. Está aí um dos maiores desafios dos dias de hoje para nós, cozinheiros: continuar sendo criativos e encontrar sempre novas formas de surpreender e melhorar, usando a tecnologia a nosso favor, mas não nos limitando por esta.

Para mim, a técnica *sous vide* é um recurso incrível, mas não é o único disponível na cozinha. Seu uso deve ser em busca do melhor resultado. Busco sempre a inovação, mas respeitando a tradição, o que é muito característico de minha família. A tradição nos mostra erros e acertos para nos levar a novas possibilidades.

Thomas Troisgros

Introdução

Colocar uma peça de carne em um saco plástico, embalar a vácuo e cozinhá-la em temperaturas abaixo de 70 °C já não é novidade em um restaurante da alta gastronomia. Apesar disso, como cozinheiros e professores, sentíamos falta de uma literatura em língua portuguesa que tratasse desse tema. Ao fim de cada semestre, observávamos inúmeros trabalhos acadêmicos sempre referenciando autores e livros estrangeiros. Assim, a construção deste livro veio de maneira orgânica, ao longo de nossos anos de estudo e aplicação desse modo de cocção.

Em busca da definição mais atual da cocção *sous vide*, iniciada e difundida na França na década de 1970, optamos por não utilizar mais o termo *sous vide*, apesar de reconhecermos a força de sua tradição e popularidade. Com o avanço das pesquisas, concluímos que a chave do processo é a temperatura de cocção, e não o vácuo em si. Chegamos a uma expressão que se encaixou muito bem em nosso idioma e também identifica a maior virtude dessa técnica: cocção em baixa temperatura (ou simplesmente CBT).

Pensamos, então, que o meio mais didático de tratar o tema seria apresentar receitas da cozinha brasileira, sem releituras, simplesmente executando-as em CBT. Imaginamos que, assim, seria mais fácil visualizar a técnica, mostrando que a tecnologia não interferiria tanto no conceito original do prato. A ideia deste manual é mostrar que a técnica colabora para o resultado final dos pratos, evidenciando toda a versatilidade do emprego da CBT.

Ao detalhar suas características, pretendemos salientar que não necessariamente a técnica será utilizada somente em restaurantes estrelados. Pode, sim, ser usada no dia a dia de todos os cozinheiros, profissionais ou não.

Desse modo, esperamos que este manual seja empregado como fonte de consulta em diferentes níveis de execução, dos cozinheiros profissionais ao usuário doméstico. Tudo isso com a certeza de que, somente com o conhecimento técnico atual e moderno, poderemos alcançar a excelência nos resultados. E, é claro, com um nível de segurança alimentar dentro dos limites permitidos pela legislação brasileira.

As atualizações desta 2ª edição são fruto de um trabalho intenso de aprofundamento de nossas pesquisas com a CBT. Revisamos estratégias de cocção e atualizamos novas relações temperatura e tempo. Com os avanços na tecnologia dos equipamentos e as mudanças de qualidade das matérias-primas em um cenário nacional, é muito relevante uma revisão sobretudo nos binômios temperatura e tempo, bem como em seus desdobramentos tanto na parte sensorial quanto no contexto de segurança alimentar.

Provavelmente, a maior dificuldade no emprego dessa técnica esteja na aceitabilidade por parte dos comensais. Por se tratar de uma novidade, ainda não temos parâmetros ou memórias afetivas relacionadas com produtos cozidos sob essa técnica.

É possível afirmar que ninguém se lembra do doce de leite que sua avó preparou a 85 °C por 15 horas, mas você com certeza se lembra do doce da lata de leite condensado cozida com o feijão. (Pelo menos nós nos lembramos disso!)

O acúmulo dessas experiências é imprescindível para a formação de nossa biblioteca de sabores, cheiros, texturas e afetividade. Esse é apenas um exemplo de como as memórias trabalham contra as novidades tecnológicas na cozinha. Precisa-se de tempo e evolução de percepção de sabores e texturas. Quem nunca degustou preparos feitos com essa técnica sentirá dificuldade. Assim, é absolutamente necessário que o comensal esteja aberto a novas percepções e modalidades de cocção na moderna cozinha.

Esperamos, portanto, que essas novidades possam, também, ser incorporadas ao cotidiano alimentar de cada um dos leitores, e não apenas a momentos especiais. Afinal, se essa evolução

CAPÍTULO 1
BREVE HISTÓRICO DA COCÇÃO EM BAIXA TEMPERATURA NA COZINHA MODERNA E SUAS VANTAGENS

SOUS VIDE: MANUAL PARA COCÇÃO EM BAIXA TEMPERATURA

A busca por uma cocção com controle de temperatura não é nova. Por milênios, a espécie humana tem tentado controlar as modificações dos alimentos na cocção, seja cozinhando carnes em panelas de argila, seja sob uma camada de sal ou dentro de uma bexiga de porco. O resultado foi a criação de várias técnicas de cocção em baixa temperatura (CBT), que vêm sendo utilizadas há séculos. Na atualidade, com o advento das máquinas seladoras a vácuo, a cocção precisa, em baixa temperatura, virou uma realidade nas cozinhas profissional e doméstica.

Em um primeiro momento, a máquina seladora a vácuo entrou na cozinha profissional para utilizar o vácuo apenas para conservação. A era moderna do emprego do vácuo para cocção começou no início da década de 1970, com o bioquímico francês Bruno Goussault, ao perceber que era possível cozinhar em baixa temperatura cortes duros de carne embalados a vácuo, para conseguir um resultado diferente das outras formas tradicionais de cocção. Nessa mesma época, o *chef* Pierre Troisgros, na busca de um meio de cozinhar o *foie gras* com o mínimo de perda de gordura, pediu ajuda a Georges Pralus, um charcuteiro local. O charcuteiro descobriu que era possível diminuir consideravelmente a perda de gordura do produto, e como consequência obter maior rendimento, se enrolasse o *foie gras* em várias camadas de plástico e o cozinhasse em água quente. Depois, Pralus decidiu substituir as camadas de plástico pela embalagem a vácuo.

Essa descoberta marcou a chegada do termo *sous vide* à alta gastronomia. A técnica *sous vide*, que em tradução livre do francês significa sob vácuo, ficou conhecida como uma cocção em que o alimento é embalado a vácuo em uma embalagem plástica e cozido em baixa temperatura no vapor ou no banho-maria.

Em 1982, o crítico gastronômico Henri Gault pediu ajuda ao bioquímico Goussault para um novo projeto: trazer uma cozinha com três estrelas no guia Michelin para um restaurante de trem. O *chef* escolhido para comandar a cozinha foi Joël Robuchon, que afirmou somente aceitar o desafio se fosse possível garantir a qualidade e a consistência exigidas por ele em seu estrelado restaurante em Paris, o Jamin. Goussault tinha a ideia de que a melhor maneira de atender à demanda do *chef* seria por meio da técnica *sous vide*. Para pôr o projeto em prática, Goussault passou a registrar todas as temperaturas do centro do alimento, chamadas de temperaturas coração, servido nos restaurantes do *chef* Robuchon. Os dois trabalharam por mais de 2 anos no *menu* que foi servido, em 1985, na viagem de Paris para Strasbourg.

Após o sucesso do *menu* do *chef* Robuchon que utilizava a técnica *sous vide*, muitos restaurantes começaram a adotá-la em seu dia a dia. Principalmente por um motivo: alcançar, de modo fácil e preciso, resultados difíceis de serem obtidos com os métodos tradicionais. Apesar de o termo *sous vide* se disseminar cada vez mais, a técnica consiste principalmente em cozinhar o alimento em baixa temperatura com precisão. É possível cozinhar alimentos em equipamentos para *sous vide*, como termocirculadores e banhos de cocção, sem que estejam embalados a vácuo, e conseguir resultados iguais ou semelhantes aos da *sous vide*.

Colocar os alimentos em sacos resistentes à temperatura e retirar todo o ar, para depois fazer a cocção, traz uma série de vantagens, como a redução da oxidação de substâncias dos alimentos, da perda de suculência e sabor para o meio de cocção, bem como a desaceleração do crescimento microbiano. Sobretudo, o maior objetivo da cocção *sous vide* é cozinhar a comida para atingir a temperatura-alvo durante um período que viabilize a cocção perfeita. Assim, o princípio básico da cocção *sous vide* é: a cocção em baixa temperatura (CBT), que será o foco deste livro.

CAPÍTULO 1

Conseguir o ponto de cocção preciso significa respeitar as características organolépticas originais do produto. Assim, a CBT preserva melhor o sabor e os aromas, ao conservar todas as substâncias voláteis e hidrossolúveis dentro do alimento. Além disso, reduz a destruição dos nutrientes ao manter, ao máximo, a qualidade do produto.

No caso de frutas e hortaliças, por exemplo, vegetais como a cebola ficam macios na CBT sem se desmontar. Vegetais mais firmes, como a batata, podem ser cozidos com perfeição, apresentando a mesma textura em seus interior e exterior. Nas carnes, é possível cozinhar cortes mais firmes em uma temperatura que não as deixe secas, mas que torne possível dissolver o tecido conjuntivo: o principal responsável por deixar a carne mais firme.

A carne de peixe é uma das proteínas mais difíceis de atingir o ponto ideal, por isso é fácil transformar um ótimo peixe em uma carne seca e passada. Alguns peixes, como o salmão, quando cozidos em baixas temperaturas, obtêm uma textura quase impossível de se conseguir em cocções tradicionais. Frutos do mar, como lagosta, polvo e lula, facilmente podem ficar com textura dura e borrachuda quando cozidos em altas temperaturas. A CBT ajuda a alcançar mais facilmente a textura ideal.

Pensando nas vantagens logísticas em uma cozinha profissional, a CBT, com o vácuo, possibilita ainda cozinhar a comida para armazenamento antes do serviço de maneira segura e sem perda de qualidade. Além disso, fogões e panelas se tornam mais disponíveis para outras cocções quando os alimentos são cozidos em CBT utilizando termocirculadores. Com mais facilidade de controle nas alterações nos alimentos, os funcionários podem se concentrar em outros preparos, o que torna o trabalho mais eficiente.

Este livro serve de manual para que cozinheiros e amantes da gastronomia possam cozinhar em baixa temperatura de modo correto e seguro. Um breve histórico e as vantagens da CBT foram mostrados neste primeiro capítulo. O Capítulo 2 traz uma descrição dos equipamentos necessários para a CBT, enquanto o Capítulo 3 apresenta os fatores importantes para sua execução e faz uma revisão sobre segurança alimentar. Para melhor aplicação da técnica *sous vide*, o Capítulo 4 discorre sobre as características dos alimentos a serem considerados. O Capítulo 5 explica como se efetivam, na prática, as estratégias e os processos da CBT. Por fim, o Capítulo 6 traz a aplicação da técnica em receitas tradicionais da culinária brasileira.

| 15

CAPÍTULO 2
MATERIAIS PARA COCÇÃO EM BAIXA TEMPERATURA

EQUIPAMENTOS PARA COCÇÃO

O que define a cocção em baixa temperatura (CBT) é o rígido controle da temperatura necessário. Em nosso dia a dia, mesmo sem perceber, trabalhamos com equipamentos com controle de temperatura. Seu forno de casa, por exemplo, conta com um termostato que tenta manter a temperatura definida por você para assar aquela suculenta peça de pernil suíno. No entanto, provavelmente ele possibilita variação de temperatura em, no mínimo, 10 °C, para mais ou menos. Por sua vez, um equipamento para CBT pode manter a temperatura com uma variação de apenas 0,5 °C.

O controle de temperatura em um equipamento para CBT pode ser feito de dois modos. O primeiro consiste em um controlador mais barato e menos preciso cujo funcionamento é muito parecido com o de um termostato, ligando e desligando a resistência quando há variação de temperatura. A desvantagem desse sistema é que a fonte de aquecimento funciona em plena potência ou fica desligada; assim, inevitavelmente a temperatura do banho oscila um pouco com relação à temperatura desejada. Essa oscilação é menor que a de um forno convencional, mas a temperatura varia o suficiente para que a parte externa do alimento cozinhe demais.

O segundo modo de controle de temperatura é um tipo diferente de controlador que resolve o problema do modelo anterior, variando a potência de aquecimento aplicada ao banho. Chamado de controlador proporcional integral derivativo (ou simplesmente controlador PID), esse equipamento usa um pequeno microprocessador para avaliar e gerenciar constantemente a diferença entre a temperatura atual medida e o ponto de ajuste, evitando variações significativas de temperatura. Equipamentos mais modernos utilizam esse recurso, que favorece uma cocção extremamente precisa do centro e da superfície do alimento.

Entre as diversas opções de equipamentos para CBT, as principais são: fornos combinados e banhos de água aquecidos (*water ovens* e termocirculadores).

FORNOS COMBINADOS

Cada vez mais presentes em cozinhas profissionais, apesar de seu alto preço em comparação aos de outros modelos, os fornos combinados são uma boa opção para CBT, desde que assegurem estas duas condições: (i) prover umidade; e (ii) garantir variação máxima de 1 °C na temperatura.

Uma grande desvantagem do forno combinado para esse tipo de cocção é que, ao usá-lo para CBTs, nenhum outro tipo de cocção poderá ser feito nele até o fim do processo. Assim, o emprego do forno deve ser pensado de maneira estratégica, pois sua utilização estará condicionada ao tipo de alimento a ser cozido. Ou seja, para se obter melhor aproveitamento do equipamento, é necessário um excelente planejamento por tipo de alimento e temperatura e tempo de cocção respectivos.

O momento inicial é o mais crítico da cocção no forno, dada a possível variação de temperatura do equipamento. Ao abrir o forno para colocar os alimentos embalados, perde-se temperatura. Assim, é necessário um preaquecimento de, pelo menos, 20 °C acima da temperatura desejada para a cocção. Isso é extremamente importante para que os produtos encontrem a temperatura ideal de trabalho, que, desse modo, rapidamente se estabiliza e se mantém constante.

O uso da sonda interna é interessante para aferição da temperatura coração dos produtos. Para empregá-la corretamente, recomenda-se introduzi-la na parte mais grossa do produto, para melhor controle da cocção. A bandeja com furos é a mais adequada para dispor as bolsas no forno, porque contribui para que o vapor entre em contato direto com a sacola.

BANHOS DE ÁGUA AQUECIDOS: *WATER OVENS* E TERMOCIRCULADORES

Os equipamentos mais utilizados para CBT são os banhos de água aquecidos. A água é um condutor de energia mais eficiente que o ar ou o vapor, e a cocção nesse meio possibilita maior eficiência energética e melhor controle da temperatura. São dois os tipos de equipamentos para banhos de água: (i) *water ovens*; e (ii) termocirculadores.

Water ovens são panelas elétricas cujo elemento de aquecimento está em um recipiente isolado de parede dupla. O isolamento possibilita uma alta eficiência energética, gastando menos energia para manter a temperatura desejada. Esses equipamentos apresentam, no entanto, uma desvantagem: dependem da convecção natural para equilibrar as diferenças de temperatura entre o topo e o fundo da água. Essa abordagem pode funcionar razoavelmente com poucos sacos de alimentos, mas, quando há excesso de sacos, a água não circula bem. Assim, zonas frias podem se desenvolver e, consequentemente, os alimentos não cozinhar de maneira uniforme.

Os termocirculadores, por sua vez, aquecem o banho de água e mantêm a circulação para homogeneização da temperatura, evitando zonas frias. Existem dois modelos: em um, que, em geral, é chamado de termocirculador de banho de água dedicado, o aquecedor é integrado à unidade de controle dentro de um tanque isolado. No outro modelo, conhecido como termocirculador de imersão, o aquecedor, a bomba de circulação e a unidade de controle compõem um módulo que pode ser anexado a qualquer tipo de tanque de água ou recipiente.

Cada modelo tem suas vantagens e desvantagens. O termocirculador de imersão pode ser anexado a todos os tipos de recipiente de água e, por conseguinte, é mais versátil. A maioria dos termocirculadores de imersão tem potência de cerca de 1.000 watts, o que, sob circunstâncias ideais, é suficiente para aquecer de 20 a 30 litros de água. No entanto, se o banho estiver mal isolado e/ou descoberto, um termocirculador de baixa potência pode não ser capaz de manter a temperatura. Grandes recipientes de metal, por exemplo, perdem calor rapidamente, por evaporação e por condução pelos lados. Essa perda de calor pode rapidamente resultar em zonas frias e em cocções inconsistentes.

No caso do sistema de banho de água dedicado, são utilizadas tensões mais elevadas para aquecer maior quantidade de água e o isolamento térmico é eficiente. Outra vantagem dos modelos de termocirculador de banho de água dedicado é que a tampa desse equipamento evita a evaporação e ajuda a manter as bolsas de alimentos submersas. Uma desvantagem do termocirculador de banho dedicado é o tamanho e a logística de armazenamento, uma vez que este ocupa um espaço fixo em uma bancada da cozinha; diferentemente do termocirculador de imersão, que, após o uso, é facilmente armazenado.

Os termocirculadores foram criados para uso laboratorial, mas, a partir da década de 1970, com a expansão do uso da técnica *sous vide*, começaram a ser utilizados na cozinha profissional. Até 2010, ainda havia poucos termocirculadores para uso específico na cozinha, e com preços pouco acessíveis para uso doméstico; não custavam menos de 800 dólares no exterior.

Apenas em 2012, foi lançado, nos Estados Unidos, o primeiro termocirculador de imersão de baixo custo, com *kickstarter*. Em 5 anos, dezenas de modelos desses equipamentos, com valores entre 150 e 300 dólares, começaram a ser comercializados no mercado internacional. Esses equipamentos voltados para uso doméstico têm potência entre 600 e 800 watts, com capacidade para aquecer até 30 litros, e muitos deles vêm com uma interface de fácil uso, incluindo wi-fi e bluetooth, para uso de aplicativos que programam, em smartphones, a temperatura e o tempo necessários para cada receita. A partir de 2015, uma nova geração de termocirculadores foi lançada, custando menos de 100 dólares e com capacidade de aquecer até 10 litros.

Atualmente, existe no mercado uma gama muito grande de termocirculadores de imersão, cada um com suas características. Para escolher um modelo, na hora da compra, alguns fatores devem ser levados em consideração, como:

- **Capacidade de cozimento:** a capacidade de cocção vai ser determinada pela quantidade de água que o equipamento consegue manter aquecida. No mercado você consegue encontrar equipamentos com capacidade de 11 a 100 litros;

- **Versatilidade:** nos termocirculadores de imersão, podem ser usados potes e panelas de vários tamanhos, mas o sistema de presilha pode não se adaptar a qualquer recipiente;

- **Precisão:** ao pesquisar equipamentos com temperatura extremamente precisas, dê preferência aos que possibilitem escolher a temperatura até uma casa decimal e que garantam o mínimo de variação de temperatura;

- **Temperaturas estáveis e uniformes:** os termocirculadores de imersão trabalham melhor quando distribuem as temperaturas da água com uniformidade. Isso porque fazem circular mecanicamente a água, em vez de depender apenas de correntes de convecção, como a maioria dos modelos de banho de água. A capacidade de circulação/minuto influencia a estabilidade do banho;

- **Limpeza fácil:** a limpeza é essencial para a manutenção do equipamento. Alguns modelos têm peças fáceis de ser retiradas para limpeza;

- **Escala de preços:** os valores variam de acordo com tamanho, tipo, marca e qualidade do equipamento escolhido para a *sous vide*.

É importante destacar que, no que diz respeito à segurança alimentar da CBT, a capacidade de cozimento e a de circulação são os principais fatores a serem respeitados na escolha do termocirculador. Usar termocirculadores pequenos para fazer a cocção de um grande volume de alimento pode produzir zonas frias no banho, o que significa risco de crescimento de microrganismos patogênicos.

ALTERNATIVAS

O preço dos fornos combinados e dos termocirculadores são uma grande barreira para muitos cozinheiros ou *gourmets* interessados em CBT. Embora esses equipamentos sejam as melhores escolhas para cozinheiros e restaurantes, em uma produção em escala, aqueles com orçamento mais apertado e que optem pela CBT não precisam adquiri-los.

Uma panela, um bom termômetro e paciência são suficientes para fazer a CBT. Coloque o alimento em um saco termorresistente, aqueça a água até a temperatura desejada, ajuste cuidadosamente o fogão, para que mantenha a temperatura, e comece a cozinhar. Durante a cocção, controle a temperatura com o termômetro. Embora a temperatura muito provavelmente não seja estável o suficiente para muitas horas de cocção, esse modelo de cocção produzirá um alimento aceitável quanto à segurança alimentar e com um resultado em sabor e textura próximo da cocção obtida com equipamentos modernos.

Outra opção que necessita de um pouco mais de esforço é criar um equipamento usando um controlador de temperatura PID e uma panela elétrica de arroz. A panela deve ter um interruptor mecânico simples de *on-off* ou baixo-médio-alto. Plugue o controlador PID à energia, conecte a panela ao controlador PID e coloque o sensor de temperatura na panela. Tal como em qualquer banho não circulante, esses sistemas improvisados podem aquecer de modo desigual, particularmente quando estão sobrecarregados com muita comida. Um meio de equilibrar o aquecimento é adicionar uma bomba de ar de aquário. Utilizando esse conceito, já há no mercado internacional equipamentos que são comercializados como termostatos para uso em panelas elétricas.

RECIPIENTES E TAMPAS PARA USO DE TERMOCIRCULADORES DE IMERSÃO

A escolha do recipiente para o banho de água é muito importante para garantir o sucesso da CBT. Se o banho estiver mal isolado e/ou descoberto, um termocirculador de baixa potência pode não ser capaz de manter a temperatura. A seguir, são apresentados os principais recipientes entre as diversas opções existentes no mercado.

CAIXA TÉRMICA E CAIXA DE ISOPOR

Uma opção de recipiente são caixas térmicas de tamanho médio, que devem ter, pelo menos, 20 centímetros de profundidade e ter capacidade entre 10 e 20 litros. As caixas térmicas são isoladas para preservar o calor e, assim, reduzir a quantidade de energia necessária para manter o aquecimento. Se planeja usar esse tipo de recipiente apenas como um banho de água para CBT, você pode fazer um furo na tampa para encaixar o termocirculador.

Normalmente, as caixas térmicas são mais volumosas que outras opções de recipientes com a mesma capacidade. Isso significa que, quando armazenadas, ocupam mais espaço na cozinha. Além disso, algumas caixas têm paredes grossas, o que pode ser um problema na hora de fixar o termocirculador, dependendo do mecanismo de fixação.

As caixas de isopor, por sua vez, são muito parecidas com os *coolers*, mas têm outras duas grandes desvantagens. A primeira é que são extremamente frágeis. A segunda é que, com o uso constante, o isopor acaba absorvendo água e se torna mais pesado e frágil. Sua grande vantagem é o preço: uma caixa de isopor é bem mais barata que uma caixa térmica.

PANELAS DE METAL

Podem ser usadas como recipiente do banho de água. Idealmente, o pote ou a panela deve ter pelo menos 20 centímetros de profundidade, cerca de 30 centímetros de diâmetro e com 10 a 20 litros de capacidade. A maior vantagem é que você provavelmente já tem uma panela com essas dimensões em sua cozinha. Além do baixo custo, esse recipiente tem uso versátil, na medida em que não serve apenas para CBT. A principal desvantagem é que o metal da panela é um excelente condutor de calor, por isso esse recipiente apresenta uma das menores eficiências energéticas. Dessa forma, o termocirculador de imersão precisa trabalhar constantemente para manter a temperatura, o que aumenta o consumo de energia. Além disso, um recipiente redondo não é ideal para algumas cocções, uma vez que peças grandes, como paletas de cordeiro, dificilmente ficam totalmente imersas.

RECIPIENTES DE POLICARBONATO

Esses recipientes são os mais populares em banhos de água para CBT. São, na verdade, concebidos para armazenamento de alimentos, e existe uma quantidade grande de recipientes de qualidade disponíveis na maioria das lojas de equipamentos de cozinha. Há uma série de vantagens em sua utilização:

- São transparentes, o que facilita a visualização do processo de cozimento do alimento;

- O material de policarbonato mantém o calor no banho de modo mais eficiente, comparado ao metal de uma panela; assim, menos energia é despendida pelo termocirculador de imersão;

- Uma vez que esses recipientes são projetados para armazenamento, todos contam com tampas que podem ser cortadas para encaixar o termocirculador;

- Os recipientes são retangulares, forma que normalmente facilita a organização das bolsas a serem cozidas;

- O policarbonato é projetado para suportar temperaturas maiores que as usadas na CBT;

- São leves e versáteis, o que possibilita outros usos em uma cozinha.

Apesar de serem resistentes, a grande desvantagem é que uma pequena fissura no policarbonato pode levar à sua aposentadoria.

Além da escolha do recipiente, a cobertura é muito importante para a CBT. Uma tampa melhora o desempenho do aquecimento e limita a evaporação. Além da própria tampa do recipiente, que pode ser adaptada para entrada do termocirculador, há mais opções para cobrir o banho de água para CBT.

BOLINHAS

Bolinhas de polipropileno ou de isopor podem ser utilizadas como tampa para o banho. De modo semelhante a outras tampas, ajudam a reduzir a perda de calor e a evaporação. Sua maior vantagem é a grande facilidade para acessar o conteúdo do banho sem ter de remover a tampa.

FOLHAS DE PAPEL-ALUMÍNIO

O papel-alumínio funciona razoavelmente bem em recipientes com panelas e caixas térmicas. É muito fácil fazer uma tampa de folha de papel-alumínio para todos os recipientes retromencionados, mas, como se trata de um metal, tende a transferir mais calor para fora dos recipientes que outras coberturas.

FILMES PVC

São muito bons na selagem de recipientes, porque conseguem manter o calor e diminuir bastante a evaporação. Essa tampa tem o bônus de ser translúcida, tornando possível a observação do estado das bolsas. Sua única desvantagem é que os filmes PVC não são particularmente fáceis de ser removidos e colocados novamente. Assim, caso você tenha de ajustar as bolsas ou adicionar mais água para o banho, será necessário retirar todo o filme e colocar um novo no lugar.

SOUS VIDE: MANUAL PARA COCÇÃO EM BAIXA TEMPERATURA

EMBALAGENS

Quando trabalhamos com as técnicas de CBT, é necessário colocar o alimento em embalagens, para retirar o oxigênio em contato com o alimento ou simplesmente para isolar o alimento do banho de cocção. As embalagens mais utilizadas são as de plástico.

Ainda há preconceito de se cozinhar com plástico. Na última década, foram feitas diversas pesquisas sobre o efeito nocivo de aquecer alimentos em alguns tipos de plástico. Esses estudos algumas vezes obtinham resultados totalmente diferentes entre si, e, por diversas vezes, eram apresentados de maneira muito simplificada pela mídia, o que ajudou a deixar o consumidor bastante confuso com relação ao assunto.

De acordo com pesquisas mais recentes, as embalagens plásticas mais seguras são feitas de polietileno de alta densidade, polietileno de baixa densidade ou de polipropileno. Esses materiais não liberam bisfenol-A (BPA), ftalatos ou dioxina, substâncias que muitos estudos relatam como potencialmente cancerígenas.

Existem dois tipos de embalagens para máquinas de vácuo: (i) para conservação; e (ii) para cocção a vácuo. As embalagens para conservação estão disponíveis em várias espessuras (medidas em mícrons), têm poucas camadas e não são resistentes a temperaturas superiores a 60 °C. Por esse motivo, não se deve colocar uma carne com sua embalagem original no banho para a *sous vide*. Essa embalagem não é própria para esse tipo de cocção. Em sua maioria, as embalagens para *sous vide* são feitas de polietileno ou polipropileno, com sete camadas, 10 micras e são resistentes a temperaturas entre -30 °C e 100 °C. É importante ficar atento: algumas seladoras a vácuo portáteis exigem embalagens gofradas (com ranhuras), enquanto outras aceitam embalagens lisas e gofradas.

Há, ainda, no mercado embalagens retráteis para *sous vide*. Também feitas de matérias seguras e resistentes a temperaturas, essas embalagens se retraem com o calor e diminuem o espaço entre elas e o alimento. Assim, a transferência de calor do meio de cocção para o alimento se torna mais eficiente. Essas embalagens são as mais utilizadas na indústria de alimentos.

Como mencionado, a CBT não necessita de vácuo. Uma opção para utilizar essa técnica sem vácuo é usar sacos com fecho *zip* resistentes a temperatura. Essas embalagens, em geral, são confeccionadas com materiais seguros e suportam temperaturas entre -30 °C e 70 °C.

Um dos grandes problemas da cocção *sous vide* é o excesso de lixo plástico gerado com as embalagens. No mercado internacional, há algumas alternativas, como as embalagens de silicone *platinum*, que suportam a temperatura e podem ser reutilizadas inúmeras vezes. Nesse caso, não é uma embalagem para selagem a vácuo, mas, com o uso da mesma técnica descrita para embalagens com fecho *zip*, é possível fazer a CBT de maneira satisfatória.

Outra opção para diminuir o lixo gerado na CBT é utilizar jarras de vidro com tampas. Essas embalagens são eficientes para fazer cocções de alimentos com líquido, por exemplo *confit* de tomate, e para embalar a vácuo alimentos que não podem ser submetidos a pressão externa, como alimentos crocantes.

CAPÍTULO 2

TERMÔMETROS

Termômetros são um dos utensílios mais importantes na CBT, uma vez que esta se baseia em cocção com temperaturas exatas. Além do controle de temperatura dos próprios equipamentos de cocção anteriormente descritos, é interessante ter em mãos um termômetro.

O termômetro de cozinha consegue verificar se a temperatura do banho de cocção está correta e se há zonas frias no banho. Por sua vez, o termômetro de cocção, que apresenta uma sonda fina em forma de agulha, consegue furar o saco embalado a vácuo e medir a temperatura coração do alimento. Para utilizar de maneira correta esse termômetro, é importante usar, junto, uma espuma que, colada ao saco, evite a entrada do ar após a retirada da sonda.

MÁQUINAS SELADORAS A VÁCUO

Há várias opções de máquinas seladoras a vácuo, como: máquina de vácuo externa, máquina de câmara a vácuo, seladora de bandeja e termoformadora. As duas primeiras são mais comuns em cozinhas doméstica e profissional; e as últimas duas são mais utilizadas em indústrias de alimentos.

As máquinas de vácuo externas estão cada vez mais populares em cozinhas domésticas, por serem portáteis e seus preços serem mais acessíveis, se comparados aos de outros modelos. Essas máquinas geralmente utilizam sacos especiais, diferentes das embalagens frequentemente usadas em seladoras a vácuo. Como contam com uma válvula de sucção que entra na embalagem em que está o alimento, a maioria dessas máquinas não é capaz de envasar líquidos.

As máquinas de câmara a vácuo são, basicamente, uma câmara fechada de modo hermético, da qual todo o ar atmosférico – ou parte dele – é retirado por uma bomba de vácuo. A máquina de câmara opera de acordo com as etapas a seguir.

1. A tampa é fechada. O ar da câmara é aspirado. A pressão na câmara é inferior à atmosférica. Nessa hora, é impossível abrir a tampa.

2. A água livre do alimento começa a evaporar. A pressão no interior da bolsa é superior à da câmara e faz com que a bolsa se infle.

3. Obtém-se o vácuo programado. A aspiração cessa e a máquina sela hermeticamente a bolsa. As pressões na câmara e na bolsa são iguais. A bolsa segue inflada.

4. A máquina começa a introduzir o ar exterior progressivamente na câmara. A pressão na câmara é agora maior que na bolsa. A bolsa se adapta perfeitamente a seu conteúdo.

5. A máquina continua introduzindo ar na câmara até que a pressão se iguale à atmosférica. A tampa pode ser aberta novamente.

Após a retirada do ar, fitas térmicas selam a bolsa de plástico, com calor. Algumas máquinas têm a opção de injeção de gás antes da selagem da bolsa. Pelo fato de a sucção do ar ser na câmara, e não diretamente na embalagem, é possível selar todos os tipos de alimentos e líquidos na seladora de câmara a vácuo.

Na compra da máquina de câmara, é importante observar as seguintes características:

- **Tamanho e profundidade da câmara:** o tamanho ou a profundidade da câmara pode ser um limitante para selar peças grandes, como um pernil suíno. Você deve escolher a máquina com as dimensões que atendam suas necessidades de trabalho;

- **Capacidade de injeção de ar:** em alguns casos, é interessante, ou necessário, ter a possibilidade da injeção na embalagem de uma atmosfera modificada com O_2, N_2 ou CO_2, para efeito de conservação;

- **Quantidade de barras de selagem:** algumas máquinas têm duas barras de selagem. Isso significa agilidade em selar mais de uma bolsa, e melhor aproveitamento da mão de obra em um restaurante;

- **Limpeza fácil:** a retirada fácil de peças da câmara, como a fita térmica, ajuda bastante na hora da limpeza;

- **Botão de *stop*:** nem sempre presente nas máquinas, esse botão é muito importante no caso de alteração indesejada ou acidente, por exemplo o vazamento do líquido da bolsa para o interior da câmara.

O processo de selagem a vácuo na máquina de câmara é relativamente simples: coloque o alimento na embalagem, respeitando o tamanho adequado e deixando um espaço para solda; disponha a embalagem na máquina deixando a abertura dentro da câmara; programe o vácuo desejado e a força da selagem; e feche a tampa, no caso das máquinas de câmara.

A escolha da programação do vácuo deve ser feita com base no tipo de produto a ser envasado. Caso programe o vácuo na potência máxima para embalar produtos delicados, como framboesas, no fim do processo você terá um delicioso purê de framboesas amassadas. Por sua vez, a programação da força da selagem é feita de acordo com o tipo de embalagem utilizada. Embalagens mais grossas, por exemplo, necessitam de força maior de selagem.

Ao embalar um alimento a vácuo, alguns problemas podem ocorrer. A tabela a seguir apresenta exemplos e suas possíveis causas.

Problema	Possíveis causas
O vácuo ocorreu, mas a embalagem não foi selada.	• A embalagem não estava bem posicionada. • A barra seladora não estava plugada.
O selamento não ficou totalmente apertado.	• A regulagem do vácuo estava errada. • A comida estava muito quente. • A embalagem tinha selamento de baixa qualidade.
Quando aberta a embalagem, exalou um cheiro forte.	• Houve crescimento bacteriano.
O alimento foi muito comprimido, acabando com sua forma original.	• A regulagem do vácuo estava errada. • O alimento era muito delicado.
O selamento ocorreu, mas depois o ar voltou para a embalagem.	• A embalagem foi danificada. • O selamento foi mal feito. • Os líquidos do alimento evaporaram. • Houve crescimento bacteriano.

CUIDADOS QUE DEVEM SER TOMADOS

Em alguns casos, carnes vermelhas, brancas e frutos do mar podem parecer um pouco mais secos ou apresentar mudanças indesejadas na textura depois de terem sido selados em um forte vácuo e submetidos à CBT. Isso ocorre porque, quando o alimento está em temperatura ambiente ao ser embalado, sua água pode ferver durante o processo de embalagem a vácuo porque a temperatura de ebulição da água é diretamente influenciada pela pressão atmosférica. Quanto menor a pressão, menor a temperatura. Como a pressão na câmara de vácuo é muito baixa, a água pode entrar em ebulição em temperatura ambiente, entre 20 °C e 25 °C. Nesse caso, o vapor em expansão causa muitos danos às carnes, pois as células se rompem para criar canais e liberar o vapor criado na ebulição. Durante a cocção, os sucos da carne escorrem por esses canais, secando o alimento e danificando sua textura e suculência. Para evitar que isso ocorra, o ideal é que os alimentos estejam em temperatura de refrigeração quando forem selados a vácuo.

Ao embalar líquidos, esse cuidado com a temperatura deve ser redobrado; é importante seguir a regra de embalar líquidos somente em temperaturas abaixo de 10 °C. Caso ferva, é grande a chance de o líquido vazar para dentro da câmara e danificar a bomba de vácuo. Outro cuidado importante a ser tomado é preencher apenas um terço da embalagem com o líquido, isso evitará que ele escorra ao deitar a bolsa. Algumas máquinas têm suporte que facilitam a selagem de líquidos.

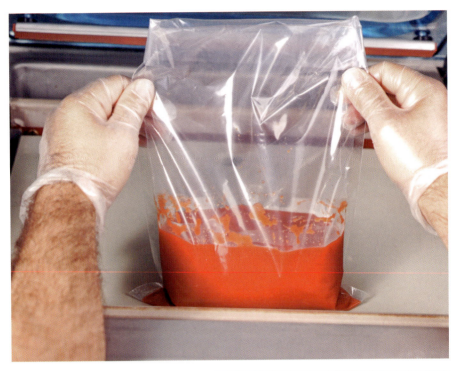

CAPÍTULO 2

CAPÍTULO 3
FATORES IMPORTANTES PARA COCÇÃO EM BAIXA TEMPERATURA

SOUS VIDE: MANUAL PARA COCÇÃO EM BAIXA TEMPERATURA

Controlar o binômio temperatura e tempo é a chave para execução da CBT. A utilização de baixas temperaturas traz resultados difíceis de serem alcançados em outros modos de cocção. Entretanto, para alcançar a textura e a suculência desejadas, com segurança alimentar, é necessário escolher de maneira correta o tempo que o alimento estará exposto a tal temperatura. Este capítulo visa, portanto, explicar como servir uma refeição segura e apresentar o binômio temperatura e tempo.

SEGURANÇA ALIMENTAR

Os cuidados necessários para a CBT são diferentes dos relativos às cocções tradicionais. Isso porque na CBT, se não forem respeitados, os microrganismos com potencial de causar uma doença transmitida por alimentos (DTA) podem ser mais perigosos que nas cocções tradicionais.

Diversos fatores podem influenciar a segurança microbiológica do alimento cozido em baixa temperatura, como: forma de produção, transporte, armazenamento antes e após sua aquisição, meio de manipulação, ambiente, móveis e utensílios para execução dos procedimentos e a própria natureza do alimento (pH, atividade de água, teor de gordura, aminoácidos e enzimas). Todos esses fatores determinam, também, a eficácia do tratamento térmico e a possível proliferação de patógenos.

LEGISLAÇÃO BRASILEIRA

Na produção de alimentos, é importante seguir as normas vigentes de boas práticas para serviços de alimentação, a fim de garantir as condições higiênico-sanitárias do alimento preparado. Apesar de ser uma técnica do século passado, no Brasil não há uma regulamentação específica para a técnica de *sous vide* ou para a CBT. Entretanto, as legislações vigentes para a produção de alimentos não devem ser transgredidas nos procedimentos de manipulação de alimentos.

Entre essas legislações, podemos citar, em especial, a Resolução de Diretoria Colegiada (RDC) nº 216/2004 da Agência Nacional de Vigilância Sanitária (Anvisa), que estabelece critérios de temperatura e tempo para as etapas de produção de refeições, desde o recebimento, a manipulação e a distribuição até o armazenamento.

Segundo a RDC Anvisa nº 216/2004, o tratamento térmico deve garantir que todas as partes do alimento alcancem a temperatura de, no mínimo, 70 °C. Essa RDC não especifica o tempo necessário de exposição do alimento a essa temperatura. A resolução define, ainda, que temperaturas inferiores podem ser utilizadas no tratamento térmico, desde que as combinações de temperatura e tempo sejam suficientes para assegurar a qualidade higiênico-sanitária dos alimentos. A eficácia do tratamento térmico deve ser avaliada pela verificação da temperatura e do tempo utilizados, e, quando aplicável, pelas mudanças na textura e cor na parte central do alimento.

Após serem submetidos à cocção, os alimentos preparados devem ser mantidos em condições de tempo e de temperatura que não favoreçam a multiplicação microbiana. Para conservação a quente, os alimentos devem ser submetidos a temperaturas superiores a 60 °C por, no máximo, 6 horas. Para conservação sob refrigeração ou congelamento, os alimentos devem ser previamente submetidos ao processo de resfriamento.

36 |

CAPÍTULO 3

O processo de resfriamento de um alimento preparado deve ocorrer de modo a minimizar o risco de contaminação cruzada e a permanência daquele em temperaturas que favoreçam a multiplicação microbiana. Para a realização desse processo, a temperatura do alimento preparado deve ser reduzida de 60 °C a 10 °C, em até 2 horas. Em seguida, esse alimento deve ser conservado sob refrigeração a temperaturas inferiores a 5 °C, ou congelado a temperatura igual ou inferior a -18 °C.

A RDC Anvisa nº 216/2004 determina o prazo máximo de 5 dias para consumo do alimento preparado e conservado sob refrigeração a temperatura inferior a 5 °C. Caso o alimento preparado seja armazenado sob refrigeração ou congelamento, deve-se etiquetar seu invólucro com, no mínimo, as seguintes informações: designação, data de preparo e prazo de validade.

É importante destacar que existem legislações estaduais mais recentes, que atualizam pontos da resolução mencionada. Alguns estados, por exemplo, determinam prazo máximo de 3 dias para consumo do alimento preparado e conservado sob refrigeração a temperaturas inferiores a 5 °C. Por isso, é fundamental pesquisar a legislação local ao se trabalhar com *sous vide* e regeneração.

CRESCIMENTO BACTERIANO E TRATAMENTO TÉRMICO

Um dos principais objetivos da segurança alimentar é adotar medidas higiênico-sanitárias quando o alimento é armazenado, preparado ou servido, para evitar a multiplicação bacteriana acima dos limites permitidos por lei.

A grande preocupação na CBT são as bactérias *Clostridium botulinum*, *Escherichia coli* O157, *Salmonella* spp. e *Listeria monocytogenes*. Todas essas bactérias podem se multiplicar em um ambiente anaeróbico de um saco embalado a vácuo e são mesófilas, ou seja, apresentam crescimento ótimo em temperaturas entre 25 °C e 40 °C. A temperatura de crescimento dessas bactérias pode ser observada na tabela a seguir.

Espécie	Temperatura mínima de crescimento	Temperatura máxima de crescimento	Temperatura de maior crescimento
Clostridium botulinum	10 °C	48 °C	30 °C a 40 °C
Escherichia coli O157	6 °C	50 °C	30 °C a 40 °C
Salmonella spp.	-1 °C	47 °C	35 °C a 37 °C
Listeria monocytogenes	5 °C	45 °C	30 °C a 37 °C

Quanto mais ficam em temperaturas entre 5 °C e 60 °C, mais rápido as bactérias mesófilas se multiplicam. Essa faixa de temperatura é conhecida como zona de risco de crescimento bacteriano. Em temperaturas mais altas, as bactérias param de se reproduzir e morrem. Como regra geral, a maioria das bactérias patogênicas se multiplica mais rápido logo abaixo da temperatura letal, o que deixa uma linha tênue entre reprodução rápida e morte. Quando as condições ambientais tornam-se letais, as bactérias começam a morrer – lentamente no início e depois com velocidade crescente, à medida que as condições pioram. A chave para garantir a segurança alimentar em CBT é diminuir o tempo de exposição do produto à temperatura de crescimento microbiano. Como

| 37

pode ser observado a seguir, o gráfico conhecido como curva de crescimento bacteriano mostra as fases do crescimento das bactérias até sua morte. O gráfico varia de acordo com as espécies bacterianas e com condições ambientais, tais como o pH.

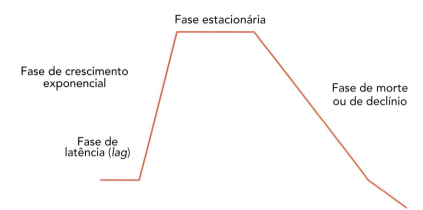

Muitas vezes, os textos sobre segurança alimentar simplificam demais o modo como a morte bacteriana funciona, dando a impressão equivocada de que a temperatura crítica é o fator mais importante. Na verdade, o processo de morte bacteriana é uma função da temperatura e do tempo.

Em geral, os especialistas modelam uma morte térmica de maneira artificial, como uma função exponencial que produz uma linha reta capaz de facilitar a extrapolação de temperaturas mais elevadas ou mais baixas. No fim, você sempre faz uma escolha para garantir a segurança alimentar: cozinhar em alta temperatura por um curto período, ou cozinhar em baixa temperatura durante um período mais longo. Se ficar fora da faixa de temperatura de crescimento das bactérias, não há diferença na segurança alimentar; mas, como será discutido nos próximos capítulos, opções distintas de temperatura e de tempo podem fazer grande diferença na aparência e no sabor do prato.

Se, por exemplo, cozinharmos um ovo a 55 °C por 2 horas, esse alimento estará seguro no que tange a microrganismos, apesar de visualmente ter todas as características de um ovo cru. Assim, mais adiante, são apresentadas algumas temperaturas de cocção abaixo de 60 °C, especialmente para carnes, peixes e frutos do mar. Respeitando a temperatura e o tempo de exposição necessários, você poderá consumir esse alimento com segurança.

O cientista francês Louis Pasteur foi o primeiro a compreender o papel dos microrganismos nos alimentos e a possibilidade de sua eliminação com tratamento térmico. Em 1860, quando pesquisava o motivo pelo qual o vinho azedava depois de um tempo armazenado, descobriu que, ao submeter alimentos ao calor, é possível destruir microrganismos que causam a degradação nos alimentos. Esse processo, muito utilizado atualmente, denomina-se pasteurização. Após as descobertas de Pasteur sobre fermentação e pasteurização, diversas combinações de temperatura e tempo de aquecimento foram investigadas e propostas para o processo de pasteurização de cada alimento.

A pasteurização age como um fator higienizante que aumenta a conservação, tendo em vista que reduz os microrganismos que deterioram o produto. A utilização correta da temperatura tem dois objetivos básicos: (i) a destruição dos microrganismos patogênicos; e (ii) a inviabilização da maior parte das células vegetativas de bactérias. Com isso, é possível obter uma eficiência bactericida geralmente igual ou superior a 99%, muito provavelmente em decorrência da desnaturação parcial ou total das enzimas necessárias à subsistência ou ao desenvolvimento dos microrganismos. No entanto, esporos, enzimas e até mesmo toxinas de algumas espécies termorresistentes podem persistir mesmo após a pasteurização.

A combinação de temperatura e tempo para matar 99% de uma população específica depende de vários fatores. O mais importante é o tipo de bactéria, porque a tolerância ao calor varia amplamente entre as espécies. O pH e a presença de nitrogênio, nitrito de sódio ou outros aditivos também podem fazer muita diferença, assim como a presença de determinadas proteínas ou gorduras. As gorduras podem ajudar a proteger as bactérias do calor ou torná-las mais sensíveis a temperaturas elevadas. Assim, dada essa grande quantidade de variáveis, o binômio temperatura e tempo necessário para a pasteurização de um alimento não pode ser generalizado.

COOK AND CHILL, COOK AND FREEZE E REGENERAÇÃO

O *cook and chill* é um sistema de produção de refeições que consiste na cocção do alimento, seguida de imediato porcionamento e refrigeração em temperaturas abaixo de 5 °C, com reaquecimento somente logo antes de ser consumido. Por sua vez, o sistema *cook and freeze* usa um similar, que se diferencia por congelar o alimento a -18 °C após a cocção, o que garante seu armazenamento por um período mais prolongado.

Os princípios básicos desses dois sistemas são:

- Cozinhar os alimentos em temperaturas que destruam os microrganismos patogênicos;

- Logo após a cocção, resfriar rapidamente o alimento abaixo de 5 °C, em até 90 minutos;

- Armazenar os alimentos em temperatura inferior a 5 °C;

- Reaquecer ou regenerar rapidamente o alimento na temperatura de serviço, evitando, ao máximo, a exposição na zona de risco de crescimento bacteriano.

A utilização da *sous vide* e da CBT em cozinhas comerciais trouxe mais facilidade e segurança, ao se cozinhar grandes quantidades de alimentos com antecedência e reaquecer porções individuais apenas quando necessário. Isso foi possível com a introdução dos sistemas *cook and chill* e *cook and freeze* para o processo de produção de alimentos cozidos em baixa temperatura. Utilizar esses sistemas de maneira correta é essencial para a segurança alimentar de um produto cozido em baixa temperatura. Apesar de não existir uma legislação brasileira específica sobre os sistemas *cook and chill* e *cook and freeze*, seus princípios básicos seguem temperaturas e tempos de resfriamento e armazenamento dentro das normativas vigentes.

Diferentemente do reaquecimento, que consiste em devolver temperatura para o alimento, a regeneração consiste no processo de reaquecimento com o mínimo de perda de umidade ou de outras características organolépticas. É possível regenerar o alimento cozido em CBT em sua própria embalagem de cocção, com a utilização de um banho de cocção, um micro--ondas ou um forno combinado na função calor seco com umidade.

Para se restabelecer a temperatura de serviço do alimento, deve-se levar em conta o princípio fundamental de não ultrapassar a temperatura coração à qual o produto foi submetido durante o processo de CBT. Isso faz com que as características dos alimentos sejam praticamente as mesmas do fim do processo de cocção. O restabelecimento da temperatura de serviço torna-se, portanto, tão importante quanto seu pronto resfriamento. Afinal, pode-se pôr em risco todo o processo meticuloso feito previamente.

SOUS VIDE: MANUAL PARA COCÇÃO EM BAIXA TEMPERATURA

TEMPERATURA E TEMPO

Existe um universo de possibilidades de temperatura e tempo com que se pode trabalhar na CBT. Assim, é necessário conhecer as características dos alimentos e os recursos técnicos disponíveis para poder aplicar esse binômio de modo correto. Cada alimento terá temperatura e tempo diferentes para se alcançar o melhor resultado com segurança.

Tabelas prontas com relações temperatura e tempo são um ponto de partida para decidir os valores a serem usados, porém não são garantia de que os objetivos desejados serão alcançados. Isso acontece porque as características das matérias-primas são únicas e respondem de diferentes maneiras à exposição de determinada relação temperatura e tempo. Um exemplo é uma paleta de cordeiro cozida a 63 °C por 72 horas. A paleta de um cordeiro que viveu em regiões planas e foi abatido com 2 anos de idade, sem estresse, e cuja carne, após o abate, foi armazenada em temperatura e tempo que favoreceram boa maturação terá um resultado de cocção diferente em comparação à paleta de um cordeiro criado, abatido e armazenado de outro modo.

Assim, para aplicar a relação temperatura e tempo de maneira correta, é importante entender as características dos alimentos a serem cozidos na técnica de CBT e ajustar o binômio conforme as características, a composição e o tamanho do alimento a ser cozido.

TEMPERATURA

A primeira decisão a ser tomada é a escolha da temperatura de cocção, que influencia a cor, maciez e suculência do alimento. É mais fácil controlar as transformações no alimento em CBTs. Isso deve ser levado em conta ao se escolher a temperatura do banho de cocção, uma vez que evitar a sobrecocção do alimento por temperatura é uma das principais vantagens da CBT.

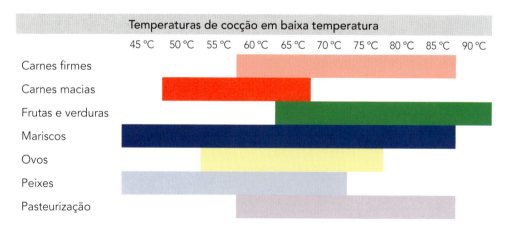

Ao se trabalhar com carnes, a escolha da temperatura e do tempo de cocção é determinada principalmente em razão da temperatura coração exata que se busca durante a cocção. O uso de temperaturas precisas e estáveis na CBT possibilita diferentes resultados comparados com os das cocções tradicionais, por exemplo a cor da carne em cocções longas. Carnes como a de paleta de cordeiro, que normalmente são assadas ou cozidas na panela de pressão, podem ser servidas rosadas, como uma carne ao ponto em uma cocção longa abaixo de 70 °C.

TEMPO

A segunda decisão a ser tomada é o tempo de cocção, que é um valor complementar da temperatura, determinado principalmente com base na temperatura coração exata buscada durante a cocção e na espessura do alimento.

Quanto à segurança alimentar, o objetivo principal é alcançar o mais rápido possível a temperatura coração. Isso vai ser definido principalmente pelo tipo e pela espessura do alimento, e, ainda, pela estratégia de cocção. Utilizar uma temperatura de cocção bem acima da temperatura coração desejada significa um tempo de cocção menor.

Outra opção é cozinhar o alimento na temperatura coração desejada. Isso se torna interessante caso se deseje manter por algum tempo a temperatura coração escolhida, com a finalidade de pasteurizar o alimento ou se obter melhores resultados no que se refira a textura e suculência.

O tempo de exposição do alimento a determinada temperatura impacta as transformações do alimento. É importante considerar isso na escolha do tempo de cocção. No caso de carnes que demandem hidrólise do colágeno, por exemplo, é exigido um tempo adicional de cocção além do necessário para alcançar a temperatura coração desejada. Por outro lado, manter, por exemplo, um filé-mignon a 55 °C por um tempo prolongado causaria perda de suculência e alteração na cor e textura da carne.

É importante, porém, ressaltar que a sobrecocção por tempo de cocção é muito menos agressiva que a sobrecocção por temperatura no que tange às transformações nas características organolépticas do alimento. Assim, estender um pouco o tempo de cocção não prejudica tanto o resultado desejado.

CAPÍTULO 4
CARACTERÍSTICAS QUÍMICAS DOS ALIMENTOS A SEREM CONSIDERADAS NA COCÇÃO EM BAIXA TEMPERATURA

SOUS VIDE: MANUAL PARA COCÇÃO EM BAIXA TEMPERATURA

CARNES

O que conhecemos como carne, antes de chegar a nossa cozinha, era um músculo de um animal, que pode ser, na maioria dos casos, mamífero, ave ou peixe. O músculo é composto de água, proteínas e gorduras. Conseguir suculência na cocção de carnes é alterar sua textura sem perder água, que representa quase 75% de sua composição. A exposição da carne ao calor provoca também alteração de cor. Compreender os motivos dessas transformações possibilita que o cozinheiro aplique as técnicas de CBT de maneira correta.

TEXTURA

Para se obter os melhores resultados possíveis na textura das carnes com a CBT, é importante entender o efeito da cocção na estrutura da carne. Estes três fatores são os que mais influenciam a textura das carnes: (i) a quantidade de fibras musculares; (ii) a quantidade de tecido conjuntivo que as envolve; e (iii) a marmorização (gordura entre as fibras musculares).

O músculo é constituído de células longas e delgadas, chamadas de fibras musculares. Cada fibra é formada por filamentos proteicos, sobretudo os de actina e miosina. As fibras musculares são rodeadas por tecido conjuntivo, uma espécie de rede que reúne as fibras para formar feixes musculares e que, por sua vez, também são rodeadas por essa rede para formar o tecido muscular. O principal componente desse tecido conjuntivo é a proteína colágeno, cuja presença é um dos grandes desafios ao se alterar a textura das carnes na cocção. Entremeados nas fibras e nos tecidos conjuntivos, há também grupos de células de gordura, denominadas marmorização.

Além de serem as grandes responsáveis por contrair e relaxar o músculo, as proteínas miofibrilares, actina e miosina, têm a capacidade de reter água. Mais de 70% da água da carne se encontram entre essas proteínas por meio de força capilar. Na cocção, a miosina começa a coagular por volta de 50 °C, dando firmeza à carne. Conforme se ligam umas às outras, compactando as fibras musculares, as moléculas de miosina expulsam a água, fazendo com que a carne perca suculência.

O tecido conjuntivo envolve as proteínas miofibrilares e as fibras musculares, e sua quantidade tem grande influência na textura das carnes. Como o colágeno é o principal componente desse tecido, pode-se dizer que a quantidade dessa proteína é determinante para uma carne ser mais macia ou mais firme. Além da quantidade, outro fator importante ao trabalhar com colágeno é a força da ligação entre suas proteínas. Sexo, idade, raça e história nutricional do animal influenciam a força do colágeno até certo ponto.

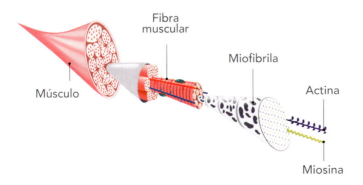

SOUS VIDE: MANUAL PARA COCÇÃO EM BAIXA TEMPERATURA

O principal fator que afeta a força de ligação entre as proteínas de colágeno é a função do músculo em que este se encontra. Músculos que exercem pouca força têm fibras musculares mais finas e pouco colágeno, além de suas ligações serem mais fracas. Quanto maior a força exercida pelo músculo, mais tecido conjuntivo é necessário para reforçá-lo e mais forte deve ser a ligação entre os colágenos. Músculos que exercem grande força têm colágeno forte e fibras musculares mais espessas, o que torna a carne mais resistente e firme. A paleta, por exemplo, é a pata dianteira do animal, que, além de ser importante para a sustentação, é muito exigida toda vez que ele se levanta. Por isso, esse músculo tem bastante colágeno com ligações fortes.

Ao trabalhar com cortes macios, como o filé-mignon, não é preciso se preocupar com o colágeno em razão de sua baixa quantidade e da pequena força de ligação entre suas proteínas. Nos cortes mais firmes, são necessárias longas cocções para amaciá-los. Isso é possível porque, com o aumento da temperatura, as ligações entre as moléculas de colágeno se quebram e o colágeno gelatiniza. O tempo para isso ocorrer está diretamente relacionado com a temperatura de cocção. Temperaturas entre 55 °C e 60 °C são capazes de alcançar esse objetivo, mas a cocção é mais longa. Temperaturas acima de 60 °C aceleram esse processo, contudo o colágeno contrai e expulsa água antes de gelatinizar. Entretanto, ao gelatinizar, o colágeno devolverá suculência à carne, porque, nesse momento, imobiliza novamente a água que foi liberada.

O grande desafio de um cozinheiro, ao trabalhar com carnes, é modificar sua textura sem perder sua suculência. Para isso, é preciso controlar o processo de transformação das proteínas das fibras musculares e do tecido conjuntivo. No entanto, ao se tentar controlá-lo, surge o seguinte dilema: minimizar a perda de líquido causada pela coagulação das proteínas das fibras musculares ou hidrolisar, ao máximo, o colágeno, para que este se torne gelatina.

Para as carnes vermelhas e as de aves, cozinhar rapidamente a uma temperatura que não ultrapasse 55 °C a 60 °C reduz, ao máximo, a perda de líquido e a compactação das fibras, decorrente da coagulação. Por sua vez, a conversão do colágeno em gelatina necessita de cocções prolongadas. Quanto menor a temperatura, mais longo será o tempo de cocção para carnes com bastante colágeno.

As carnes de peixes respondem à cocção, se comparadas a outras carnes. As proteínas das fibras musculares do peixe são mais sensíveis a calor que as dos animais terrestres, por isso é mais fácil sofrerem cocção excessiva e ficarem secas e fibrosas. As fibras dos peixes começam a se contrair a partir de 50 °C e podem começar a deixar a carne seca a partir de 60 °C. Outro fato importante é que o colágeno no músculo do peixe tem ligações mais fracas que o de animais terrestres. Com apenas um pouco de aquecimento, o colágeno de peixe gelatiniza rapidamente.

Uma possível dificuldade na cocção de carnes na *sous vide* é a renderização da gordura. Esse processo inicia a partir de 55 °C na maioria das carnes, mas leva tempo; o que em cocções curtas de até 6 horas pode não ser suficiente. Por isso, uma finalização em alta temperatura é muito importante em carnes com bastante gordura. Nesse caso, sempre com muito cuidado para não resultar em uma cocção excessiva que perca todo o ganho do controle de temperatura da cocção *sous vide*.

COR

Ao contrário do que muitas pessoas pensam, a diferença de cor entre as carnes não está associada à presença de sangue. Os vasos sanguíneos que servem os músculos são encontrados apenas no tecido conjuntivo que cerca a fibra muscular, e, após o abate, é retirado praticamente todo o sangue do animal. O que determina se uma carne é mais escura que as outras é a presença da proteína mioglobina, cuja função é fornecer oxigênio para as fibras musculares, e é o que dá a coloração avermelhada.

A aparência característica de carne crua rapidamente desaparece com a cocção. Uma das primeiras mudanças é que a carne se torna cada vez mais opaca. A partir de 50 °C, a miosina começa a desnaturar, criando uma rede um pouco rígida de proteínas suspensas em água e deixando a carne mais opaca e esbranquiçada. Acima de 66 °C, a mioglobina desnatura, perdendo a cor vermelha de maneira irreversível. Cozinhar carnes com baixas temperaturas pode resultar em uma coloração rosada e homogênea em toda a peça. Esse resultado ocorre na medida em que não há gradientes de cores resultantes da exposição de temperaturas diferentes entre o centro e a superfície da carne.

De modo geral, a maior parte da literatura associa a temperatura coração da carne ao ponto, assim:

- Malpassada: 50 °C a 55 °C;

- Ao ponto para malpassada: 55 °C a 60 °C;

- Ao ponto: 60 °C a 65 °C;

- Ao ponto para bem passada: 65 °C a 70 °C;

- Bem passada: 70 °C a 100 °C.

Conseguir alcançar a temperatura coração do ponto desejado em cocções normais demanda prática. A CBT possibilita, de modo simples, chegar à temperatura coração almejada. Cozinhar carnes em baixas temperaturas viabiliza, uma coloração rosada e homogênea em toda a peça, resultado proveniente da ausência de gradientes de cores decorrentes da exposição de temperaturas diferentes entre o centro e a superfície da carne.

FRUTAS E HORTALIÇAS

Em comparação com as carnes, os vegetais são mais fáceis de cozinhar. A carne é composta principalmente de proteínas, moléculas sensíveis a calor, que, em sua maioria, quando submetidas a temperaturas superiores a 50 °C, se aderem fortemente entre si e expelem água, tornando o alimento duro e seco. Os alimentos vegetais são compostos principalmente de carboidratos, moléculas mais resistentes a temperatura, que necessitam de hidratação para tornar os vegetais mais macios e suculentos.

No que se refere a resultados de textura de vegetais cozidos, utilizar a CBT não dá resultados muito diferentes das cocções tradicionais. A grande vantagem da cocção de vegetais em baixa temperatura é a manutenção de sabores, cores e nutrientes. Compreender a composição dos vegetais é importante para aplicar a CBT com sucesso.

TEXTURA DOS VEGETAIS

A parede celular vegetal é um componente relevante da célula vegetal e fundamental para a textura das frutas e hortaliças. De modo geral, amaciar vegetais é alterar a estrutura da parede celular. O amolecimento é resultado de alterações nos polissacarídeos da parede celular, que sucedem a partir de 80 °C, por exemplo, a solubilização da pectina e da hemicelulose.

A gelatinização do amido é o que dá a textura característica dos vegetais cozidos ricos nesse carboidrato. Em temperaturas entre 55 °C e 80 °C, os grânulos de amido deixam de ser duros e próximos entre si, para absorverem água e formarem uma rede de amido e água. Essa faixa de temperatura, chamada de temperatura de gelatinização, varia entre os vegetais.

No caso de grãos desidratados, assim como a maioria dos cereais e das leguminosas que consumimos, é necessário hidratá-los para amaciá-los na cocção. A quantidade de líquido para hidratar, e assim possibilitar a gelatinização do amido, varia de acordo com a espécie do vegetal e com o grau de beneficiamento. É importante considerar que, comparada a cocções tradicionais, é necessário menos líquido ao se utilizar CBT em grãos, em razão de menor perda de água por evaporação.

Após análise de suas características, é possível perceber que carnes e vegetais apresentam temperaturas ideais de cocção diferentes. Assim, quando é possível, cozinhas profissionais que usam CBT contam com dois banhos de temperaturas distintas. Para cocção de frutas e hortaliças, geralmente é utilizado um banho de 85 °C; temperatura muito superior à de 63 °C empregada para a maioria das carnes.

COR DAS FRUTAS E HORTALIÇAS

As cores vívidas dos vegetais se devem a pigmentos presentes em suas células. Quando cozinhamos vegetais, o grande desafio é manter suas cores vivas, porque a maioria dos pigmentos vegetais é alterada quando trabalhamos com o alimento na cozinha. Dependendo das características do pigmento, a CBT pode trazer excelentes ou péssimos resultados na manutenção da cor original.

As antocianinas e as betalaínas, pigmentos responsáveis pelas cores vermelhas e roxas em vários vegetais, são solúveis em água e sensíveis a altas temperaturas. A CBT favorece muito a manutenção desses pigmentos, por não haver perda para o meio de cocção e pela baixa temperatura de cocção. É possível perceber, ao cozinhar repolho-roxo, beterrabas e uvas, como essa técnica de cocção possibilita a manutenção dessas cores.

Os carotenoides são um grupo de pigmentos vegetais responsáveis pelas colorações amarela, vermelha e laranja. Eles são resistentes a calor e mais solúveis em gordura que em água; porém, perdem cor com oxidação, o que é evitado se o alimento cozido for embalado a vácuo.

Por outro lado, os vegetais verdes não são favorecidos com essa técnica. A clorofila, responsável pelo verde nos vegetais, é bastante prejudicada na CBT, dada a sua sensibilidade à acidez. Durante a cocção, a clorofila fica exposta à acidez liberada pelo próprio vegetal, que, no caso da CBT, fica em contato direto com o alimento porque não é diluída no meio de cocção. Assim, vegetais como aspargos, ervilhas e vagens perdem facilmente a cor viva em cocções, ao se utilizar essa técnica.

Uma alteração de cor comum ao se trabalhar com vegetais ocorre após estes serem cortados, fatiados ou esmagados. Esse fenômeno, chamado de escurecimento enzimático, está relacionado com o oxigênio e com as enzimas polifenoloxidase e peroxidase. Impedir o contato do oxigênio com o vegetal cortado, por intermédio do vácuo, é um meio de retardar ou impedir momentaneamente esse escurecimento. Após a retirada do alimento da embalagem, o escurecimento enzimático, porém, ocorrerá. Para evitar, de maneira definitiva, a melhor solução é branquear o alimento em temperaturas superiores a 90 °C a fim de destruir essas enzimas.

REAÇÃO DE MAILLARD

Uma das reações químicas mais importantes que ocorrem com o alimento na cocção é a reação de Maillard. Em altas temperaturas, as proteínas e os açúcares presentes no alimento reagem entre si, formando pigmentos que alteram a cor e diversas moléculas aromáticas responsáveis pelo sabor.

O que começa como uma reação simples entre proteínas e açúcares rapidamente se torna uma reação em cadeia na qual as moléculas produzidas mantêm-se reagindo de maneiras cada vez mais complexas e geram centenas de novos tipos de moléculas. Em sua maioria, essas novas moléculas são produzidas em quantidades incrivelmente pequenas, mas esse conjunto resultará em um grande impacto no sabor.

Na maior parte dos alimentos, a reação de Maillard atua muito lentamente quando a superfície do alimento cozido alcança temperaturas em torno de 100 °C. A partir desse ponto, a maior parte da água evaporou, e a água restante é fortemente ligada a outros componentes do alimento. Quando a superfície do alimento seca o suficiente para que sua temperatura atinja 110 °C, o ritmo da reação de Maillard aumenta e é possível observar modificações no aroma e na cor do alimento. As temperaturas precisam ser altas para provocar a reação de Maillard, por isso esta não ocorre na CBT. Assim, é interessante fazer uma cocção tradicional, como assar, fritar ou grelhar o alimento, antes ou depois da CBT, para desenvolver os sabores e as cores produzidos pela reação de Maillard.

CAPÍTULO 5
COCÇÃO EM
BAIXA TEMPERATURA

SOUS VIDE: MANUAL PARA COCÇÃO EM BAIXA TEMPERATURA

ESTRATÉGIAS DE COCÇÃO

Na CBT, podem ser utilizadas as seguintes estratégias de cocção: **direta**, que consiste em cozinhar para serviço imediato do alimento; e **indireta**, que consiste em cozinhar e, em seguida, refrigerar esse alimento para armazenamento. Nesta última estratégia, o alimento é regenerado somente na hora do serviço.

COCÇÃO DIRETA

São dois os modos de usar a cocção direta. A mais simples é aquecer o alimento até atingir a temperatura coração desejada e, em seguida, retirá-lo imediatamente, para servir. Essa abordagem funciona bem para carnes vermelhas, de aves, de peixes e frutos do mar, assim como para algumas frutas e alguns legumes. No entanto, as carnes mais firmes e a maioria dos grãos não respondem bem a esse tratamento, porque as transformações desejadas na cocção levam mais tempo nesses alimentos. Nesse caso, é interessante utilizar a segunda abordagem, que é manter o alimento no banho durante um tempo determinado após alcançada a temperatura coração desejada.

Como o alimento irá direto para serviço, a cocção direta é ideal para produtos delicados, que precisam ser cozidos em temperaturas abaixo de 60 °C e com tempo de cocção mais curto. Assim, essa estratégia é muito interessante para carnes (cortes mais tenros), peixes e frutos do mar, porque possibilita buscar o melhor ponto de cocção possível de um alimento, evitando, ao máximo, as ações negativas do calor, como a perda de sabor e suculência.

Saber qual é a temperatura ideal para cada produto não é uma ciência exata. Como dito, tabelas prontas indicando a temperatura ideal nem sempre conferem o resultado desejado, em razão das características singulares das matérias-primas. Entretanto, provavelmente a temperatura ideal para carnes, peixes e frutos do mar situa-se no intervalo de 45 °C a 60 °C, o que significa servir o alimento na temperatura de zona de risco de crescimento microbiano. Por isso, nessa estratégia, é importante levar em conta estas duas regras:

1. A cocção direta não possibilita armazenamento após a cocção.

2. O alimento utilizado deve ser muito fresco e de ótima qualidade.

Empregar vácuo na cocção direta não garante maior segurança alimentar, já que a ausência de ar não ajuda no fato de que a temperatura e o tempo utilizados não são necessários para a pasteurização do alimento. Assim, a cocção direta é uma alternativa de CBT para cozinhas que não tenham seladores a vácuo. Nesse caso, porém, torna-se ainda mais importante seguir as duas regras mencionadas.

A escolha da temperatura do banho na cocção direta pode ser feita assim: cozinhar em um banho na mesma temperatura-alvo ou cozinhar em um banho a uma temperatura muito acima da temperatura-alvo.

Temperatura do banho igual à temperatura coração

Usar a temperatura do banho igual à temperatura coração desejada é também conhecido como cozinhar em equilíbrio, porque a temperatura do alimento entra em equilíbrio com a temperatura do banho. A vantagem dessa técnica é que não ocorre uma supercocção da superfície. A comida leva tempo para atingir a temperatura-alvo, mas o aquecimento é muito gradual durante a parte final do processo de cozimento. Se, no entanto, você retirar a comida do banho um pouco mais cedo ou deixá-la no banho por mais tempo que o recomendado, nada de ruim vai acontecer. A desvantagem dessa abordagem está no fato de que a cocção é lenta. A transferência de calor é proporcional à diferença de temperatura entre o alimento e o banho. À medida que a temperatura do alimento se aproxima da temperatura-alvo, o fluxo de calor para o alimento diminui de modo constante. Assim, os tempos de cocção aumentam, e isso pode se tornar um inconveniente se você tiver pressa de servir o alimento.

Quando essa técnica for utilizada, o ideal é definir a temperatura do banho 1 °C ou 2 °C acima da desejada, porque o alimento nunca alcançará a temperatura exata do banho; a temperatura deste permanecerá um pouco abaixo.

Temperatura do banho acima da temperatura coração

Muitas pessoas que defendem cozinhar com um banho mais quente que a temperatura do núcleo o fazem em decorrência de uma visão equivocada sobre a segurança alimentar. Alguns dizem que é mais seguro cozinhar com um banho de água a 63 °C, mesmo que a temperatura final desejada seja substancialmente menor. No entanto, em geral, um banho mais quente faz pouca ou nenhuma diferença na segurança dos alimentos se não for respeitado o tempo necessário da exposição destes na temperatura necessária para pasteurização. Em casos específicos, mergulhar o alimento por alguns segundos em água fervendo, técnica chamada de branquear, faz mais sentido, no que tange à segurança alimentar, que cozinhar em um banho a uma temperatura acima da temperatura coração desejada.

Em certas circunstâncias, diminuir o tempo de cocção pode tornar a CBT mais conveniente para alguns restaurantes. No entanto, o ganho de tempo pode trazer perda em sabor, textura e suculência. Isso ocorre porque a superfície do alimento está exposta a uma temperatura acima da temperatura coração desejada, ficando, assim, supercozida com relação ao centro. Outro problema dessa técnica é que não é fácil saber quando remover o alimento do banho. O calor continua se movendo para o núcleo mesmo fora do banho de cocção; por isso, deve-se retirar o alimento do banho bem antes de o núcleo alcançar a temperatura final desejada, ou corre-se o risco de ultrapassar a temperatura-alvo.

Essa forma de cocção pode ser interessante em alguns preparos que vão utilizar uma cocção mista (CBT + tradicional), por tornar mais prática a CBT. Nesse caso, na cocção tradicional, a superfície recebe uma temperatura acima da desejada, podendo não fazer sentido o tempo de cocção longo na técnica de cocção de banho a uma temperatura próxima da temperatura coração desejada. Algumas cozinhas podem contar com diversos banhos em temperaturas diferentes para a CBT; assim, é possível fazer uma cocção breve inicial em banho a uma temperatura mais alta e, depois, finalizar a cocção em um banho a temperatura coração desejada.

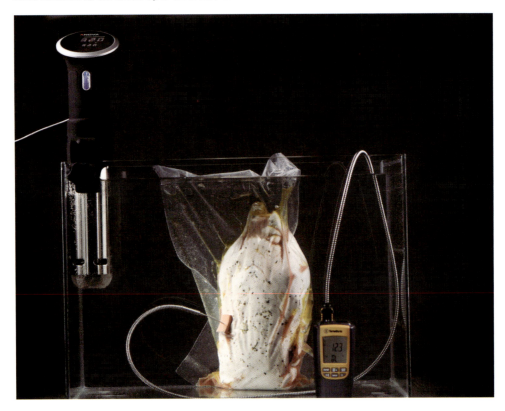

COCÇÃO INDIRETA

Apesar de a técnica *cook and chill* não ser nova na cozinha profissional, a utilização da CBT indireta trouxe às cozinhas comerciais mais facilidade e segurança em cozinhar grandes quantidades de alimento com antecedência e reaquecer porções individuais apenas quando necessário. O pré-cozimento de alimentos em CBT é uma estratégia útil para sincronizar os tempos de cozimento de pratos com muitos elementos, em que cada um dos alimentos necessite de tempo e temperatura de cocções diferentes. Executar todos esses passos com técnicas tradicionais de cozinha durante um serviço é um desafio. É muito mais simples cozinhar com antecedência, separadamente, cada vegetal e carne na temperatura e no tempo que melhor se adaptem a cada elemento.

Na cocção indireta, a temperatura do banho de cocção será sempre igual à temperatura coração desejada. A cocção indireta não visa apenas alcançar a temperatura coração mas também manter a temperatura desejada durante determinado tempo. Isso se deve aos dois objetivos principais: (i) amaciar alimentos duros; e (ii) pasteurizar. Essa estratégia é utilizada para CBTs que necessitem de um longo período para hidrolisar o colágeno, como as carnes, ou para amaciar vegetais duros, sem perder suculência, cor e sabor.

A chave para transformar carnes de segunda em pedaços macios e suculentos é transformar o colágeno em gelatina em baixas temperaturas, o que exige tempo. Por isso, é necessário manter a carne, por algum tempo, na temperatura coração desejada. Quanto menor a temperatura de cocção, mais longo será o tempo para gelatinizar o colágeno.

É preciso ter cuidado ao manter o alimento em temperaturas acima de 5 °C e abaixo de 60 °C por muitas horas. As bactérias prosperam nessa faixa de temperatura. É importante, então, reduzir a contaminação da superfície do alimento tanto quanto possível no começo. Além disso, a pasteurização é necessária para a cocção indireta, pois, após a cocção, o alimento será resfriado, para somente depois ser regenerado para o serviço.

Utilizando a relação temperatura e tempo de maneira correta, é possível pasteurizar os alimentos, o que viabiliza seu resfriamento para posterior utilização com segurança alimentar. Como anteriormente descrito neste livro, cozinhar apenas para atingir uma temperatura-alvo não é suficiente para pasteurizar; o tempo de exposição a essa temperatura é o fator crucial para o sucesso da operação. O tempo necessário vai variar conforme o tipo de alimento e a sua espessura.

PROCESSOS DA COCÇÃO EM BAIXA TEMPERATURA

Cozinhar qualquer alimento em CBT envolve três etapas básicas: (i) preparar; (ii) cozinhar; e (iii) empratar. Cada uma dessas etapas tem vários processos.

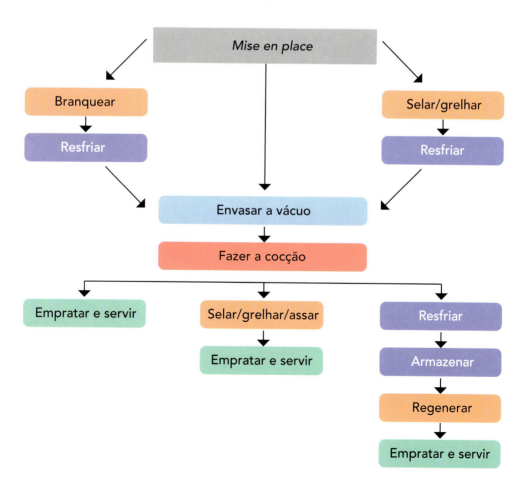

MISE EN PLACE

Do termo que em tradução livre do francês significa "pôr em ordem", *mise en place* representa a fase do processo na CBT que consiste em preparar o alimento para cocção. O cuidado com o alimento inclui: temperar; executar outra cocção antes, se desejado; porcionar; e embalar a vácuo.

Tempero

Deve-se ter cuidado ao temperar alimentos para CBT. Embalar os alimentos em sacolas a vácuo previne que os aromas se volatizem durante a cocção, mas isso pode ser uma armadilha para quem não esteja acostumado. Sal e pimenta devem ser usados com cuidado, já que praticamente não haverá perda desses temperos para o meio de cocção. Uma boa dica é usar uma pequena quantidade desses temperos antes da cocção e corrigir a quantidade desejada na hora de servir o alimento. Como no cozimento praticamente não há redução de líquidos por evaporação, a adição de qualquer componente líquido para temperar e ser cozido com o preparo, como fundos e molhos, deve ser feita com cuidado, empregando-se quantidades e proporções corretas.

Colocar ervas e especiarias com o alimento na embalagem é um meio interessante de agregar sabor ao preparo. Ramos de alecrim e tomilho ou um dente de alho, por exemplo, darão um perfume todo especial para seu peixe. Entretanto, como essa proteína é muito delicada, na CBT esses temperos podem deixar sua carne "carimbada" no processo de coagulação das proteínas. Uma solução é adicionar óleo, manteiga ou alguma gordura, que, além de dar sabor, impede que isso ocorra.

Marinadas e salmouras

Marinadas e salmouras são conhecidas por incorporarem sabor ao alimento antes da cocção, porém a maioria das pessoas desconhece seu efeito positivo na suculência das carnes. Isso porque, conforme o sal é absorvido pela carne, os íons cloreto se acumulam entre as proteínas miofibrilares que formam a fibra muscular, resultando em um efeito chamado de repulsão eletrostática. Esse fenômeno causa repulsão entre as proteínas, provocando entrada de água. A carne suína e a de ave são as que ganham mais suculência com uma salmoura antes da cocção.

Embalar a vácuo o alimento com a marinada é bem interessante, caso se tenha uma seladora de câmara com compartimento para embalar líquidos. Isso porque, ao se embalar o alimento a vácuo, o líquido penetra nele pelo processo conhecido como impregnação. Além disso, serão necessários uma quantidade menor de marinada e um espaço menor para armazená-lo no refrigerador.

A acidificação dos alimentos com marinadas antes da CBT auxilia no controle de crescimento microbiano. Uma prática utilizada em algumas cozinhas é fazer uma salmoura com água gasosa em peixes ou frutos do mar antes da cocção. Além da ação conservante do sal, a água gasosa tem pH mais ácido em comparação com a água normal.

Cocção mista

Algumas vezes, quando cozinhamos carnes por meio de CBT, a aparência do alimento depois de retirado do saco deixa um pouco a desejar. Como trabalhamos com temperaturas abaixo de 100 °C, não ocorrem nessa técnica reação de Maillard e formação de textura crocante. Assim, é interessante mesclar CBT com outras práticas tradicionais, como branquear, selar, assar e fritar.

Branquear

O branqueamento, como dito anteriormente, pode ser interessante para a segurança alimentar, mas também contribui para inibir enzimas capazes de alterar as características organolépticas do produto ou dar firmeza em algumas carnes, como frutos do mar. O método deve ocorrer sempre antes da CBT e pode ser feito por meio de vapor ou em breve mergulho do alimento já embalado em água com temperatura entre 75 °C e 100 °C. Quanto mais elevada for a temperatura, mais curta será a exposição necessária à água e menor será a penetração de calor nos alimentos. No caso dos vegetais, o branqueamento deve ser o mais rápido possível, para diminuir ao mínimo a perda de óleos essenciais, que são bem voláteis. Após o processo, é importante resfriar o alimento e embalar em outro saco, antes da CBT.

Selar antes e depois da CBT

Selar alimentos em panelas ou frigideiras com gordura é interessante, porque o calor intenso desencadeia a reação de Maillard, criando muitas substâncias de sabor que normalmente associamos a alimentos tradicionalmente cozidos. A reação de Maillard não começa realmente até que a temperatura alcance, pelo menos, 130 °C, muito acima de um banho de CBT. No entanto, uma vez iniciadas, as reações continuarão mesmo se a temperatura diminuir. Por isso, o cozinheiro pode optar por selar tanto antes da CBT como depois.

A selagem antes da CBT pode ser um meio conveniente de pôr marcas de grelha no peixe ou no frango, simplificando, assim, o passo de aquecimento para o serviço. Os sabores criados na selagem podem adicionar profundidade de sabor para a CBT. Selar após a cocção, além de criar sabor, forma uma crosta crocante.

Durante a cocção, parte das substâncias aromáticas criadas na selagem solubiliza para o suco de cocção. Por isso, alguns cozinheiros preferem selar após a CBT, mesmo que tenham feito uma selagem antes.

Selar antes e depois da cocção pode ser arriscado, principalmente no caso de peixes e frutos do mar. A cada cocção a que a carne é exposta, há perda de água e aumento do risco de crescimento microbiano, uma vez que o alimento passa várias vezes na faixa de temperatura de zona de risco.

Quando a ocorrência de crosta crocante é importante, a selagem deve ser feita após a CBT, porque qualquer crosta formada durante a selagem é suavizada durante a cocção. Além do uso de panelas e frigideiras, podemos selar o alimento após a CBT com um maçarico. Esse equipamento é mais indicado para pequenas peças, na medida em que o calor é muito pontual e tem baixo rendimento quanto ao volume de serviço. No caso de panelas e frigideiras, é importante que estas estejam extremamente quentes para que o alimento não fique muito tempo exposto a temperaturas muito altas, o que leva à perda de suculência das peças.

CAPÍTULO 5

Assar e fritar

Assar pode ser uma alternativa para finalizar preparos cozidos em CBT, pois o processo é capaz de criar sabor e cor por meio da reação de Maillard, além de conferir textura crocante, porque desidrata a superfície do alimento. No caso de fornos convencionais, o condutor de energia é o ar, que é pouco eficiente. Por isso, é importante usar temperatura alta para expor o alimento ao menor tempo possível, evitando a perda de suculência. Fritar é bastante interessante porque expõe o alimento com mais eficiência ao calor, agilizando a desidratação e criando sabor por meio da reação de Maillard.

Porcionamento

Uma das vantagens com relação à CBT é conseguir fazê-la com antecedência, o que facilita o serviço. É tentador porcionar o alimento antes da cocção para agilizar ainda mais; porém, isso pode trazer resultados negativos.

Carnes fatiadas com antecedência tendem, na CBT, a secar e ficar com coloração esbranquiçada nas laterais e quinas. No caso dos vegetais, o porcionamento também não é interessante, já que aumenta a possibilidade de supercocção da parte exterior de cada pedaço. Se você cozinhar vegetais para fazer purê ou carnes para desfiar, vá em frente e porcione antes. Assim, diminuirá o tempo de cocção e facilitará a continuação da receita.

ENVASE

Existem alguns cuidados a serem tomados no envase dos alimentos para CBT. A principal regra a ser seguida é que todo alimento a ser envasado a vácuo deve estar em temperatura de refrigeração, para que a água não evapore. Isso também evitará que se danifique a bomba da máquina de vácuo com líquidos que poderão vazar se entrarem em ebulição. Isso se torna mais relevante caso seja feita uma cocção antes do envase, como grelhar ou branquear. Após esses processos, o alimento deve ser refrigerado e embalado a vácuo somente quando sua temperatura estiver inferior a 10°C.

Para melhor transferência de calor entre o saco e o alimento, é importante que toda a superfície do alimento esteja em contato com a bolsa. Dessa maneira, a cocção será mais uniforme e eficiente. Encher demais a embalagem pode impedir o contato direto do alimento com o saco, o que prejudica a cocção.

Como dito, de acordo com o alimento, muitas vezes é interessante adicionar óleo ou outra gordura ao saco com o produto. Uma das vantagens dessa adição é prevenir a deformação de produtos delicados, em especial carnes, como peixe ou frango. Além disso, dependendo da embalagem – como um saco com fecho *zip* –, o óleo pode impedir que o peito de frango, por exemplo, fique preso nos cantos e seja deformado durante o processo de cozimento.

Se você já cozinhou peixes ou aves usando métodos tradicionais ou CBT, pode ter notado a formação de uma gelatina branca na superfície, que causa um visual desagradável. Isso ocorre porque uma proteína solúvel em água, a albumina, coagula sob calor. Adicionar óleo ao peixe antes de cozinhá-lo em CBT evitará que a albumina se cole à carne, mantendo um visual mais agradável do alimento.

E, por último, é importante etiquetar todas as bolsas após o envase, especificando tipo de produto, data de produção e validade. Dados como temperatura e tempo de cocção também podem ser relevantes.

CAPÍTULO 5

| 61

ERRADO: envase sem gordura.

CAPÍTULO 5

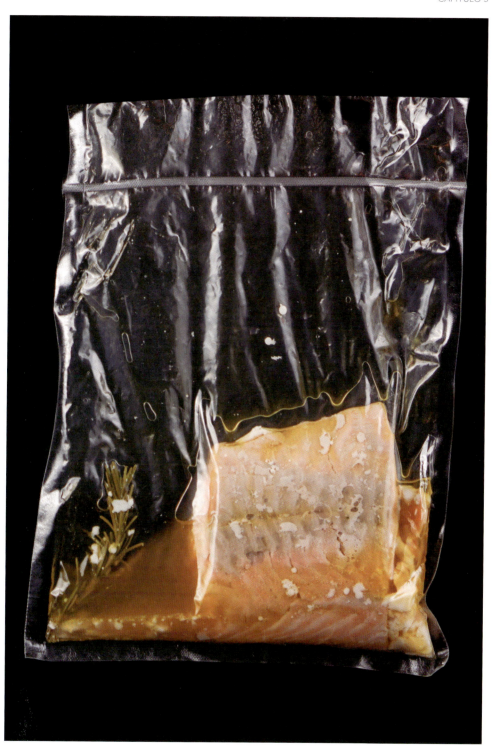

CORRETO: envase com gordura.

ERRADO: alimento sobreposto.

CAPÍTULO 5

CORRETO: toda a superfície do alimento em contato com a bolsa.

COCÇÃO

Após o envase do alimento, chegou a hora da cocção. O passo mais importante dessa etapa é selecionar a temperatura para o banho de água e o tempo de cozimento. O forno combinado ou o banho com termocirculador devem ser colocados na temperatura de cocção desejada.

Além disso, há outras questões a serem levadas em conta, por exemplo: a cocção deve parar assim que a temperatura final for alcançada ou os alimentos devem ser mantidos nessa temperatura por algum tempo? Na seção "Carnes", no Capítulo 4 deste livro, são descritas as estratégias da CBT que ajudam a responder a essa pergunta. Entender todas as opções disponíveis facilita a seleção da melhor abordagem de cocção.

Como a temperatura precisa é essencial para a segurança da CBT, é muito importante que as bolsas estejam totalmente imersas no banho aquecido com termocirculador. Se a bolsa flutua, há o risco de parte do alimento ficar em uma temperatura baixa o suficiente para que haja crescimento microbiano. Uma solução para bolsas que boiam é colocar pesos sobre elas.

É importante evitar ao máximo as zonas frias em seu banho de cocção. A circulação correta da água no banho evita zonas frias, favorecendo uma cocção mais homogênea. Recipientes com muitos alimentos dificultam a circulação; assim, deve ser respeitada uma quantidade máxima de sacos no banho, para que esse problema não ocorra.

CAPÍTULO 5

ERRADO: recipiente com muitos alimentos.

RESFRIAMENTO E CONGELAMENTO

Na cocção indireta, o resfriamento adequado deve ser entendido como resfriamento rápido. Alimentos cozidos devem ser resfriados rapidamente, por dois motivos. Em primeiro lugar, as bactérias crescem e prosperam na zona de risco, de 5 °C a 60 °C. Quanto mais tempo o alimento ficar na zona de risco durante o resfriamento, mais será provável que as poucas bactérias remanescentes pós-cozimento se multipliquem e repopulem perigosamente o preparo.

Em segundo lugar, o resfriamento rápido mantém a suculência e proporciona um sabor melhor que o resfriamento lento. Um resfriamento rápido engrossa e gelifica os sucos antes que estes vazem, mantendo os aromas que conferem sabor ao alimento. O melhor meio de resfriamento rápido é mergulhar os sacos em um banho de água gelada, com partes iguais de água e gelo. Após o resfriamento, esse alimento pode ser mantido refrigerado ou ser levado para congelar.

O congelamento estende a vida útil dos alimentos, porém sempre haverá perda das características originais do produto. Isso decorre do crescimento de cristais de gelo que danificam a estrutura celular das fibras musculares, no caso da carne, e das células vegetais, no caso das hortaliças e das frutas. Além disso, os compostos aromáticos continuam a evaporar-se, mesmo que com lentidão, e a oxidação da gordura deixa o alimento rançoso. A embalagem a vácuo evita muitos desses processos e, por conseguinte, torna o congelamento menos problemático. O saco selado atua como uma segunda pele para interromper a evaporação dos compostos voláteis e a oxidação da gordura.

REGENERAÇÃO

Os preparos feitos com cocção indireta precisam ser regenerados no momento de servi-los, a menos que sejam consumidos frios. O objetivo desse processo é recuperar a temperatura de serviço com o mínimo de agressão ao alimento, por isso alguns cuidados devem ser adotados na regeneração.

Em primeiro lugar, para alcançar a temperatura do núcleo-alvo quando reaquecido, o alimento refrigerado levará aproximadamente o mesmo tempo que levou para ser cozido, o que pode prejudicar o planejamento de seu serviço. Em segundo lugar, tome cuidado para não cozinhar demais a comida ao reaquecê-la, senão todo o controle da temperatura e do tempo durante a CBT terá sido em vão.

Para produtos que foram congelados – principalmente peças grandes, como pernil suíno –, recomenda-se o prévio descongelamento em geladeira a 5 °C, por 48 horas, para que o tempo de se restabelecer a temperatura de serviço não exceda os limites seguros de tempo na zona de crescimento bacteriano. Alimentos congelados levarão muito mais tempo.

Em algumas situações, diminuir o tempo de regeneração aumentando a temperatura do banho ou do forno pode tornar mais viável o uso do sistema *cook and chill* para alguns restaurantes. No entanto, o ganho de tempo pode trazer perda em sabor, textura e suculência.

CAPÍTULO 5

| 69

SOUS VIDE: MANUAL PARA COCÇÃO EM BAIXA TEMPERATURA

APLICAÇÃO DA COCÇÃO EM BAIXA TEMPERATURA

Após a compreensão geral das etapas do processo para CBT, será apresentada a aplicação para cada grupo de alimento com as tabelas de tempo e temperatura para cocção. As tabelas levam em conta que a cocção será feita em banhos de equilíbrio, ou seja, a temperatura do banho de cocção será igual à temperatura coração desejada. Confira a seguir a explicação de cada coluna das tabelas que estão mais adiante.

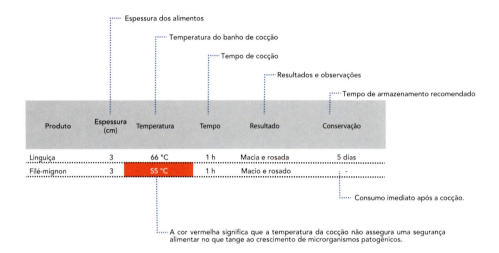

As tabelas mais adiante devem ser um ponto de partida para que cada cozinheiro encontre o valor que atende a seus objetivos. O ideal é que, com esse material, o leitor possa fazer testes para conseguir personalizar os resultados possíveis com a CBT.

É importante considerar que alguns fatores modificarão os valores das tabelas, por exemplo:

- O tamanho, o volume e o peso do alimento a cozinhar (a tabela considera pesos e espessuras médias dos alimentos);
- A qualidade do alimento e suas características;
- Resultado desejado: em algumas ocasiões, busca-se uma textura branda, em outras, mais firme.

CARNES VERMELHAS

De todos os produtos descritos neste livro, as carnes vermelhas apresentam a maior janela de temperatura e tempo possível para cocção. Os primeiros passos para escolher o binômio é identificar se a carne tem mais ou menos colágeno e definir se a cocção será direta ou indireta.

Fatias de carnes macias, como filé-mignon, picanha e contrafilé, vão muito bem em cocções diretas rápidas para serem servidas com temperatura coração entre 50 °C e 60 °C. Nesses casos, é possível utilizar um banho a temperaturas entre 65 °C e 85 °C, retirar o produto assim que alcançada a temperatura coração e finalizar em uma grelha.

SOUS VIDE: MANUAL PARA COCÇÃO EM BAIXA TEMPERATURA

A CBT possibilita a obtenção de carnes macias e suculentas, porém, como a temperatura de cocção é muita baixa, nunca formará aquela crosta saborosa criada em uma grelha ou frigideira. A cocção mista antes ou depois da CBT resolve esse problema. Finalizar costelas, paletas e pernis no forno também proporciona ótimos resultados.

Caso prepare carnes em cocção indireta para armazenar por um dia ou mais, é importante levar em conta a quantidade de sal. Dependendo de quanto foi usado na carne antes da cocção, o sal pode desidratá-la durante o armazenamento e provocar perda de suculência. Esse pode ser o objetivo nos casos em que a intenção for a cura da carne.

Bovinos					
Produto	Espessura	Temperatura	Tempo	Resultado	Conservação
Bochecha	4 cm	60 °C	72 h	Firme e rosada	5 dias
	4 cm	68 °C	36 h	Macia/desfiando	5 dias
Costela	8 cm	74 °C	24 h	Macia e rosada	5 dias
	8 cm	82 °C	16 h	Desfiando	5 dias
Contrafilé	5 cm	55 °C	0 h 45 min	Malpassado	–
	5 cm	60 °C	1 h	Ao ponto	5 dias
Cupim	10 cm	74 °C	20 h	Macio/desfiando	5 dias
Filé-mignon	5 cm	55 °C	2 h	Malpassado	–
	5 cm	60 °C	0 h 40 min	Ao ponto	5 dias
Fraldinha	4 cm	57 °C	1 h 30 min	Macia e rosada	–
Língua	6 cm	65 °C	36 h	Macia e rosada	5 dias
	6 cm	82 °C	24 h	Macia	5 dias
Ossobuco	3 cm	65 °C	72 h	Macia e rosada	5 dias
Peito	12 cm	63 °C	72 h	Macio	5 dias
	12 cm	70 °C	72 h	Desfiando muito	5 dias
Picanha	4 cm	55 °C	0 h 45 min	Malpassada	–
Prime rib	4 cm	55 °C	2 h	Malpassado	–
Rabo	5 cm	63 °C	90 h	Rosado/macio	5 dias
		70 °C	24 h	Desfiando muito	5 dias
Short ribs	3 cm	54 °C	2 h	Malpassado	–
T-bone	4 cm	55 °C	0 h 45 min	Malpassado	–

Suínos					
Produto	Espessura	Temperatura	Tempo	Resultado	Conservação
Barriga	5 cm	63 °C	72 h	Firme e suculenta	5 dias
	5 cm	74 °C	18 h	Macia/desfiando	5 dias
Bochecha	4 cm	65 °C	35 h	Firme, rosada e suculenta	5 dias
	4 cm	74 °C	14 h	Macia, ligeiramente rosada e suculenta	5 dias
Cachaço	6 cm	74 °C	24 h	Macio e rosado	5 dias
	6 cm	82 °C	12 h	Macio/desfiando	5 dias
Costela	3 cm	63 °C	48 h	Firme e rosada	5 dias
	3 cm	72 °C	12 h	Macia e suculenta	5 dias
Filé-mignon	3 cm	56 °C	1 h	Macio e rosado	–
Linguiça	3 cm	66 °C	1 h	Macia e rosada	5 dias
Paleta	6 cm	65 °C	36 h	Macia e suculenta	5 dias
Pernil	10 cm	68 °C	48 h	Macio e suculento	5 dias
Pé	6 cm	85 °C	12 h	Desfiando e suco de cocção gelatinoso	5 dias
Secreto	2 cm	65 °C	12 h	Macio e suculento	5 dias

Ovinos (cordeiro)					
Produto	Espessura	Temperatura	Tempo	Resultado	Conservação
Canela	3 cm	85 °C	5 h	Desfiando	5 dias
Carré	6 cm	58 °C	1 h 30 min	Ao ponto	–
	6 cm	70 °C	1 h 30 min	Macio/desfiando	5 dias
Paleta	7 cm	63 °C	72 h	Macia/desfiando	5 dias
	7 cm	82 °C	12 h	Macia e suculenta	5 dias
Pernil	10 cm	63 °C	48 h	Macio e rosado	5 dias
Pescoço	4 cm	68 °C	2 h	Macio e rosado	5 dias

AVES

As carnes de aves são as que demandam mais cuidado com segurança alimentar, dado o alto risco de salmonela. Um dos motivos é que, geralmente, são comercializadas com pele, aumentando a chance de contaminação da carne. Outro é que as aves produzidas em granjas podem hospedar essa bactéria sem ter sintomas e serem abatidas normalmente. No caso de aves de caça, o furo da bala pode ser a entrada para a contaminação.

Por essas questões, na cocção de aves é importante sempre visar atingir a relação temperatura e tempo suficiente para pasteurização da carne. Isso não significa carnes secas, uma vez que a CBT possibilita resultados de carnes sem o interior rosado, o que pode assustar algumas pessoas quando se trata de carne de aves, mas ainda macias e suculentas.

A CBT não deixa a pele das aves sequinha e crocante, como muitas pessoas adoram. Um meio de se obter esse resultado é seguir estas etapas: após a CBT, resfriar a peça; em seguida, colocá-la em um forno a 60 °C com convecção ou com a porta semiaberta por 1 hora; e finalizar em forno muito quente ou na função *grill*.

Frango					
Produto	Espessura	Temperatura	Tempo	Resultado	Conservação
Coxinha da asa	2 cm	75 °C	4 h	Macia	5 dias
Filé do peito	3 cm	60 °C	2 h	Macio e rosado	5 dias
	3 cm	65 °C	1 h 30 min	Macio	5 dias
	3 cm	75 °C	1 h 15 min	Desfiando	5 dias
Fígado	2 cm	70 °C	1 h	Macio	5 dias
Sobrecoxa	4 cm	75 °C	8 h	Macia	5 dias

Pato					
Produto	Espessura	Temperatura	Tempo	Resultado	Conservação
Coxinha da asa	2 cm	68 °C	24 h	Macia	5 dias
Filé do peito	3 cm	54 °C	2 h	Malpassado	–
	3 cm	60 °C	1 h 30 min	Macio e bem rosado	5 dias
	3 cm	68 °C	1 h	Macio	5 dias
Foie gras	2 cm	52 °C	0 h 40 min	Macio	–
	2 cm	64 °C	0 h 20 min	Firme e macio	5 dias
Sobrecoxa	4 cm	65 °C	24 h	Macia	5 dias
	4 cm	82 °C	7 h	Desfiando	5 dias

CAPÍTULO 5

| 75

PEIXES E FRUTOS DO MAR

Por serem matérias-primas nobres, delicadas e fáceis de se deixarem secas na cocção, muitas pessoas ficam intimidadas ao cozinhar peixes e frutos do mar. A CBT possibilita alcançar, com facilidade, o ponto ideal. Antes de mais nada, é sempre importante usar produtos frescos e de qualidade para garantir a segurança alimentar.

Com exceção do polvo, cocções de até 1 hora propiciam ótimos resultados na maioria dos peixes e frutos do mar, mantendo, ao máximo, a textura e o sabor desses produtos tão delicados. Há várias possibilidades de temperatura de cocção que oscilam entre 40 °C e 100 °C. Para esses produtos, a cocção direta em temperaturas inferiores a 60 °C proporciona resultados muito interessantes, porém não oferece segurança de tratamento térmico para microrganismos patogênicos.

Na cocção de mariscos, é importante levar em conta dois fatores: (i) se o marisco está com ou sem casca; e (ii) se a casca é mais macia ou mais dura. Mariscos com casca macia podem ser cozidos em temperatura mais baixa, e os de casca dura, por outro lado, necessitam de temperatura mais alta.

No caso de moluscos com casca, ostras e mexilhões, por exemplo, para melhor transferência de calor do banho para o interior do alimento, é interessante utilizar líquidos de governos. Estes consistem basicamente em uma salmoura a 2% de sal ou em um líquido saborizante na quantidade de 30% com relação ao peso total dos moluscos.

Peixes e frutos do mar					
Produto	Espessura	Temperatura	Tempo	Resultado	Conservação
Anchova (filé)	2 cm	55 °C	0 h 30 min	Firme	–
Atum	3 cm	45 °C	0 h 45 min	Macio e ainda rosado	–
Camarão (sem casca)	2 cm	52 °C	0 h 25 min	Cocção leve, bem translúcido	–
	2 cm	56 °C	0 h 25 min	Macio e suculento	–
	2 cm	70 °C	0 h 25 min	Firme	5 dias
Bacalhau	3 cm	55 °C	1 h	Firme	–
Lagosta (cauda sem casca)	2 cm	54 °C	0 h 25 min	Cocção leve, bem translúcida	–
	2 cm	60 °C	0 h 25 min	Firme e suculenta	5 dias
	2 cm	60 °C	0 h 45 min	Muito macia	5 dias
Lula	1 cm	58 °C	0 h 20 min	Macia mas com resistência	–

Merluza	3 cm	55 °C	0 h 45 min	Firme	–
Mexilhão (sem concha)	2 cm	55 °C	0 h 10 min	Firme	
Pirarucu (filé)	3 cm	55 °C	1 h	Firme	
Polvo	3 cm	55 °C	2 h	Firme	–
	3 cm	76 °C	5 h	Macio	5 dias
	3 cm	82 °C	3 h	Muito macio, pele solta facilmente	5 dias
Ostra (sem concha)	2 cm	48 °C	0 h 10 min	Firme e suculenta	–
Salmão (filé)	3 cm	45 °C	1 h	Cocção leve	–
	3 cm	55 °C	1 h	Macio e suculento	–
	3 cm	63 °C	0 h 45 min	Macio	5 dias
Sururu	2 cm	55 °C	0 h 30 min	Macio	–
Vieira (com concha)	2 cm	85 °C	0 h 15 min	Firme	5 dias
Vieira (sem concha)	2 cm	52 °C	0 h 25 min	Firme e suculenta	–
	2 cm	57 °C	0 h 30 min	Macio	–

SOUS VIDE: MANUAL PARA COCÇÃO EM BAIXA TEMPERATURA

OVOS

Não há ingrediente em que mais se evidencie a diferença de 5 °C na cocção que no ovo. Esses 5 °C podem significar a distinção entre um ovo cozido com a gema mole e outro com a gema dura. Como a CBT utiliza cocções com temperaturas precisas, o emprego dessa técnica na cocção do ovo resulta no controle de suas transformações. Além disso, esse alimento está pronto para a CBT, pois sua casca pode exercer a mesma função do saco plástico.

A gema e a clara antes da cocção são líquidos, porém, quando submetidas ao calor, formam géis irreversíveis por desnaturação de suas proteínas. As proteínas se desdobram, se emaranham e se ligam umas às outras, formando uma rede tridimensional.

Os géis de ovos são a base para muitos pratos clássicos porque, quando adicionadas a outros alimentos, as proteínas do ovo agem para manter os ingredientes juntos. O exato controle da coagulação das proteínas facilita a execução de receitas tradicionais consideradas difíceis.

A clara começa a coagular a 58 °C e se transforma em sólido macio a 65 °C. Quando atinge 80 °C, a albumina, sua principal proteína, coagula e deixa a clara muito mais firme. As proteínas da gema começam a coagular a temperaturas entre 63 °C e 65 °C, deixam uma textura bem viscosa e endurecem a 70 °C. Por sua vez, a mistura de clara e gema endurece em torno de 73 °C. Se acrescentarmos açúcar, leite ou outros ingredientes, aumenta-se a temperatura de coagulação do ovo.

Em temperaturas iguais ou inferiores a 55 °C, o ovo não coagula mesmo que sejam mantidas essas condições por horas. Após 2 horas de exposição de um ovo de galinha a essa temperatura, a salmonela e outros agentes patogênicos morrem, pasteurizando o ovo. Os ovos pasteurizados mantêm todas as propriedades físicas de um ovo cru, que pode ser utilizado na maionese, mas sem o risco de causar doenças.

Ovo de galinha					
Produto	Espessura	Temperatura	Tempo	Resultado	Conservação
Gema	1 cm	70 °C	1 h	Textura de massinha de modelar	5 dias
Ovo	3 cm	55 °C	2 h	Aspecto de cru	5 dias
	3 cm	64 °C	0 h 40 min	Gema líquida	5 dias
	3 cm	75 °C	0 h 25 min	Gema macia	5 dias

SOUS VIDE: MANUAL PARA COCÇÃO EM BAIXA TEMPERATURA

FRUTAS E HORTALIÇAS

Como descrito no Capítulo 4, cozinhar vegetais em CBT reúne várias vantagens, como impedir o escurecimento enzimático e diminuir o risco de uma cocção excessiva. Além disso, selar o alimento em um saco impermeável evita que a doçura natural e o sabor dos vegetais sejam diluídos durante o cozimento. A embalagem também facilita a adição da quantidade precisa de água, gorduras, caldos, óleos e outros líquidos saborosos, com qualquer tempero para padronização de resultados.

A grande desvantagem da cocção de vegetais em embalagens é que, quando cozinhamos plantas com substâncias aromáticas desagradáveis que volatizam na cocção, como a família das brássicas, o cheiro forte fica preso na bolsa e pode ser absorvido pelo alimento. Os brócolis, por exemplo, devem ser branqueados e postos em outra bolsa para cocção, a fim de evitar que o vegetal absorva as substâncias causadoras do cheiro desagradável.

Frutas					
Produto	Espessura	Temperatura	Tempo	Resultado	Conservação
Abacaxi (sem casca)	4 cm	85 °C	4 h	Macio	5 dias
Acerola	3 cm	85 °C	0 h 25 min	Macia	5 dias
Ameixa	4 cm	75 °C	0 h 20 min	Firme	5 dias
Banana (com casca)	4 cm	85 °C	0 h 20 min	Macia	5 dias
Caju	3 cm	85 °C	0 h 40 min	Macio	5 dias
Framboesa	2 cm	85 °C	0 h 30 min	Purê	5 dias
Figo (cortado em quartos)	3 cm	85 °C	1 h	Macio	5 dias
Kiwi (sem casca e cortado ao meio)	3 cm	85 °C	0 h 25 min	Firme	5 dias
Maçã (com casca e cortada ao meio)	2 cm	85 °C	0 h 15 min	Firme	5 dias
	2 cm	85 °C	2 h	Purê	5 dias
Manga (sem pele)	3 cm	75 °C	0 h 30 min	Purê	5 dias
Mirtilo	1 cm	85 °C	0 h 45 min	Macio	5 dias
Morango (em cubos)	2 cm	75 °C	0 h 15 min	Firme	5 dias
	2 cm	85 °C	0 h 30 min	Purê	5 dias
Pequi (lascas)	1 cm	85 °C	0 h 45 min	Macio	5 dias
Pitanga	2 cm	85 °C	0 h 20 min	Macia	5 dias
Pera (inteira e sem casca)	5 cm	85 °C	1 h 30 min	Firme	5 dias
Pera (sem casca e cortada ao meio)	3 cm	85 °C	0 h 30 min	Macia	5 dias
Uva	3 cm	85 °C	0 h 20 min	Macia	5 dias

SOUS VIDE: MANUAL PARA COCÇÃO EM BAIXA TEMPERATURA

Hortaliças					
Produto	Espessura	Temperatura	Tempo	Resultado	Conservação
Alho (dentes sem casca)	2 cm	85 °C	1 h	Purê	5 dias
Alho-poró	3 cm	85 °C	1 h	Macio	5 dias
Aspargo	2 cm	85 °C	0 h 15 min	Macio	5 dias
Abóbora italiana (em cubos)	3 cm	85 °C	0 h 30 min	Firme	5 dias
Abóbora japonesa (em cubos)	3 cm	85 °C	0 h 45 min	Macia	5 dias
Batata	5 cm	85 °C	1 h 30 min	Purê	5 dias
Berinjela (em cubos)	3 cm	85 °C	0 h 45 min	Firme	5 dias
Beterraba (em cubos)	3 cm	85 °C	1 h	Macia	5 dias
Brócolis	4 cm	85 °C	0 h 20 min	Macio	5 dias
Cebola	5 cm	85 °C	1 h 30 min	Macia	5 dias
Champignon	3 cm	85 °C	0 h 25 min	Macio	5 dias
Couve-flor	3 cm	85 °C	0 h 45 min	Purê	5 dias
Cenoura	4 cm	85 °C	1 h	Macia	5 dias
Mandioca (em cubos)	3 cm	85 °C	3 h	Macia	5 dias
Milho-verde (espiga)	5 cm	85 °C	2 h	Macio	5 dias
Nabo	3 cm	85 °C	1 h	Macio	5 dias
Quiabo	2 cm	85 °C	0 h 20 min	Firme	5 dias
Repolho	4 cm	85 °C	0 h 45 min	Macio	5 dias
Tomate (em quartos)	3 cm	75 °C	0 h 15 min	Macio, mas ainda com estrutura	5 dias
Tomate-cereja	3 cm	75 °C	2 h	Macio, mas ainda com estrutura	5 dias

CAPÍTULO 5

| 83

CAPÍTULO 6
COCÇÃO EM BAIXA TEMPERATURA NA COZINHA BRASILEIRA

SOUS VIDE: MANUAL PARA COCÇÃO EM BAIXA TEMPERATURA

RECEITAS DE BASE

CALDO DE FRANGO

INGREDIENTES

500 g de carcaça e ossos de frango

100 g de cenoura em *matignon*

100 g de cebola em *matignon*

100 g de alho-poró

30 g de talo de aipo

1 g de folhas de louro frescas

1 g de tomilho fresco

2 g de pimenta-preta em grãos

4 g de alho *ecraseè*

0,5 g de cravo-da-índia

1 L de água fria

2 g de sal

MODO DE PREPARO

Envase todos os ingredientes com a água.

Leve ao banho a 85 °C, por 4 horas.

Resfrie imediatamente.

CALDO ESCURO DE CARNE

INGREDIENTES

500 g de ossobuco

100 g de cebola em *matignon*

100 g de cenoura em *matignon*

80 g de tomate em cubos

4 g de alho *ecraseè*

100 g de folhas de alho-poró

30 g de folhas de aipo

1 g de folhas de louro frescas

1 g de tomilho fresco

2 g de pimenta-preta em grãos

0,5 g de cravo-da-índia

1 L de água

2 g de sal

MODO DE PREPARO

Doure o ossobuco no forno ou na frigideira até ficar bem escuro, mas não queimado.

Junte a cebola, a cenoura, o tomate e o alho, e refogue-os até caramelizar os vegetais.

Esfrie imediatamente.

Envase o refogado já frio com o restante dos ingredientes e a água fria.

Leve ao banho a 85 °C, por 8 horas.

Resfrie imediatamente.

CALDO DE VEGETAIS

INGREDIENTES

150 g de cenoura em *matignon*

150 g de cebola em *matignon*

150 g de alho-poró em *matignon*,

apenas a parte branca

50 g de talos de aipo

1 g de folhas de louro frescas

8 g de talos de salsinha

2 g de pimenta-preta em grãos

4 g de alho *ecraseè*

1 L de água fria

2 g de sal

MODO DE PREPARO

Envase todos os ingredientes.

Leve ao banho a 85 °C, por 3 horas.

Resfrie imediatamente.

CALDO DE PEIXE (*FUMET*)

INGREDIENTES

500 g de espinhas e pele de peixe

150 g de cenoura em *matignon*

150 g de cebola em *matignon*

150 g de alho-poró em *matignon* (parte branca)

50 g de talos de aipo

1 g de folhas de louro frescas

8 g de talos de salsinha

2 g de pimenta-preta em grãos

2 g de alho *ecraseè*

1 L de água fria

2 g de sal

MODO DE PREPARO

Deixe de molho em água as espinhas e a pele, por 8 horas, na geladeira.

Descarte a água e envase as espinhas, a pele e todos os demais ingredientes.

Leve ao banho a 85 °C, por 1 hora.

Resfrie imediatamente.

CALDO DE COGUMELOS SECOS OU FRESCOS

INGREDIENTES

500 g de cogumelos frescos ou 60 g de cogumelos secos

1 g de tomilho fresco

2 g de pimenta-preta em grãos

2 g de alho *ecraseè*

1 L de água fria

2 g de sal

MODO DE PREPARO

Envase os cogumelos com todos os ingredientes.

Leve ao banho a 85 °C, por 1 hora.

Resfrie imediatamente.

SOUS VIDE: MANUAL PARA COCÇÃO EM BAIXA TEMPERATURA

BACALHAU E *AIOLI*
(4 porções)

INGREDIENTES

BACALHAU
1 kg de lombo de bacalhau
100 g de azeitona verde com caroço
3 folhas de louro
2 g de tomilho
1 dente de alho
200 g de azeite português

AIOLI
100 g de alho descascado
100 g de azeite português
Sal e pimenta-do-reino
1 gema de ovo

MODO DE PREPARO

BACALHAU
Para dessalgar, coloque o bacalhau em geladeira, por 48 horas, trocando a água a cada 8 horas.
Envase o bacalhau com a azeitona, folhas de louro, tomilho, alho e 200 g de azeite.
Leve ao banho a 55 °C, por 3 horas.
Sirva imediatamente com o molho *aioli*.

AIOLI
Envase os 100 g de alho com 100 mL de azeite e sal.
Leve ao banho a 85 °C, por 2 horas.
Envase a gema e pasteurize a 55 °C, por 2 horas.
Após a cocção, resfrie imediatamente os dois preparos.
Separe o alho do azeite e reserve ambos.
Em um processador, adicione o alho e as gemas até virarem uma pasta.
Acrescente em fio o azeite do cozimento do alho.
Caso fique muito consistente, acrescente o azeite do cozimento do bacalhau.
Servir imediatamente, com o bacalhau.

Entrada	
Sudeste	
Temperatura do banho	85 °C/55 °C
Tempo de cocção	3 h/2 h
Temperatura de serviço	55 °C

CAPÍTULO 6

| 91

SOUS VIDE: MANUAL PARA COCÇÃO EM BAIXA TEMPERATURA

CALDO DE SURURU
(4 porções)

INGREDIENTES
20 g de azeite de dendê
80 g de cebola em *brunoise*
25 g de pimentão verde em *brunoise*
5 g de alho em brunoise
1 g de pimenta dedo-de-moça em *brunoise*
80 g de tomate *concassè*
100 g de mandioca pré-cozida sem sal
150 g de leite de coco fresco
200 g de caldo de vegetais (ver receita na p. 86)
Sal e pimenta-do-reino
200 g de sururu limpo
30 g de suco de limão-taiti
Coentro fresco q.b.

MODO DE PREPARO
Refogue no azeite de dendê a cebola, o pimentão, o alho, a pimenta dedo-de-moça e o tomate até que fiquem ligeiramente dourados.

Bata no liquidificador a mandioca com o leite de coco e o caldo de vegetais.

Junte a mistura ao refogado, corrigindo o sal e a pimenta, e ferva por 1 minuto.

Resfrie o refogado imediatamente.

Envase o sururu com o creme de mandioca e o suco de limão.

Leve ao banho a 55 °C, por 30 minutos.

Sirva imediatamente com folhas de coentro fresco.

Entrada	
Nordeste	
Temperatura do banho	55 °C
Tempo de cocção	30 min
Temperatura de serviço	55 °C

CAPÍTULO 6

| 95

SOUS VIDE: MANUAL PARA COCÇÃO EM BAIXA TEMPERATURA

DAMORIDA DE PIRARUCU
(4 porções)

INGREDIENTES
Óleo de milho

500 g de pirarucu fresco cortado em cubos

Sal

200 mL de *fumet* (ver receita na p. 87)

6 g de polvilho azedo

20 g de folhas de pimenta-malagueta

10 g de pimenta jiquitaia (pimenta bem picante; caso não encontre, pode substituir pelas pimentas dedo-de-moça e malagueta, cortadas em *sifflet*)

MODO DE PREPARO
Sele, em fogo bem alto, com óleo de milho, o peixe temperado somente com um pouco de sal.

Esfrie imediatamente.

Espesse *fumet* com o polvilho.

Resfrie imediatamente.

Envase o peixe, o *fumet* espessado, as folhas de pimenta-malagueta e a pimenta jiquitaia.

Leve ao banho a 55 °C, por 1 hora.

Sirva imediatamente.

Entrada	
Norte	
Temperatura do banho	55 °C
Tempo de cocção	1 h
Temperatura de serviço	55 °C

CAPÍTULO 6

| 99

SOUS VIDE: MANUAL PARA COCÇÃO EM BAIXA TEMPERATURA

PATO NO TUCUPI
(1 coxinha por porção)

INGREDIENTES
Sal

1 kg de coxinha da asa de pato

1,5 L de tucupi

50 g de jambu, com folhas e flores

10 g de folhas de alfavaca

110 g de folhas de chicória-do-pará (coentro-bravo)

1 g de folhas de louro frescas

2 g de alho (em dentes)

2 g de pimenta-do-reino preta em grãos

MODO DE PREPARO
Faça uma salmoura a 3% de sal, coloque os pedaços de pato e deixe 12 horas na geladeira.

Reduza o tucupi de 1,5 L para 500 mL e resfrie imediatamente.

Cozinhe em água fervendo, por 1 minuto, o jambu, a alfavaca, a chicória, o louro e os dentes de alho; em seguida, resfrie-os em gelo.

Descarte a salmoura e envase a vácuo os pedaços de pato com os temperos.

Leve ao banho a 63 °C, por 72 horas.

Resfrie imediatamente.

FINALIZAÇÃO
Separe o líquido das coxinhas e leve-as ao forno a 60 °C, por 30 minutos, para secarem.

Depois doure a pele em uma salamandra ou com um maçarico.

Sirva com o caldo quente coado.

Decore com as flores e folhas de jambu e a alfavaca.

Entrada	
Norte	
Temperatura do banho	63 °C
Tempo de cocção	72 h
Temperatura de serviço	60 °C

CAPÍTULO 6

| 103

SOUS VIDE: MANUAL PARA COCÇÃO EM BAIXA TEMPERATURA

PICANHA DE SOL E MACAXEIRA *CONFIT*
(4 porções)

INGREDIENTES
600 g de macaxeira fresca
400 g de manteiga de garrafa
800 g de carne de sol de picanha em bifes de 0,5 cm de espessura
4 g de pimenta-do-reino preta em grãos
Flor de sal
Coentro e cebolinha q.b., para decorar

MODO DE PREPARO
Corte a macaxeira em roletes de 8 cm de comprimento e depois em quartos.
Envase a macaxeira com os 200 g da manteiga de garrafa e o sal.
Leve ao banho a 85 °C, por 3 horas.
Resfrie imediatamente após o período de cocção e conserve por, no máximo, 3 dias.
Envase a carne de sol de picanha com os 200 g restantes da manteiga de garrafa e os grãos de pimenta-do-reino preta.
Leve ao banho de 55 °C, por 45 minutos.
Sirva imediatamente.

FINALIZAÇÃO
Para uma degustação perfeita, prepare um braseiro bem forte e grelhe muito rapidamente as peças de carne.
Se preferir, grelhe, em uma frigideira bem quente, com manteiga de garrafa.
Aqueça a mandioca.
Tempere com flor de sal, se necessário. Decore com coentro e cebolinha e sirva.

Entrada	
Nordeste	
Temperatura do banho	85 °C/55 °C
Tempo de cocção	3 h/45 min
Temperatura de serviço	Máxima de 66 °C

CAPÍTULO 6

| 107

PRATOS PRINCIPAIS

SOUS VIDE: MANUAL PARA COCÇÃO EM BAIXA TEMPERATURA

CHURRASCO DE FLORIPA

(4 porções)

INGREDIENTES

300 g de tentáculos de polvo

12 g de alho em *brunoise* (a serem divididos para os envases separados)

Tomilho, alecrim, endro, salsinha e *ciboulette* bem picados para o *mix* de ervas (a ser dividido para os envases separados)

Sal e pimenta-do-reino

Azeite extravirgem q.b.

600 g de filé de anchova com pele

400 g de camarão grande

300 g de mexilhão limpo

4 unidades de cauda de lagosta

Flor de sal

MODO DE PREPARO

Envase o polvo com 2 g do alho, parte do *mix* de ervas, do sal, da pimenta-do-reino e do azeite.

Leve ao banho a 63 °C, por 4 horas, e resfrie a 5 °C.

Envase o filé de anchova com 4 g do alho, parte do *mix* de ervas, do sal, da pimenta-do-reino e do azeite.

Leve ao banho a 55 °C, por 30 minutos.

Envase separadamente os camarões, os mexilhões e as caudas de lagosta com, para cada envase, 2 g do alho *brunoise*, parte do *mix* de ervas, do sal, da pimenta-do-reino e do azeite.

Leve ao banho a 45 °C, por 10 minutos.

Sirva imediatamente.

FINALIZAÇÃO

Para uma perfeita degustação, prepare um braseiro bem forte.

Pincele com azeite as peças de frutos do mar e de peixe já cozidas.

Grelhe muito rapidamente as peças.

Tempere com azeite, pimenta-do-reino e flor de sal.

Prato principal	
Sul	
Temperatura do banho	63 °C/55 °C/45 °C
Tempo de cocção	4 h/30 min/10 min
Temperatura de serviço	Máxima de 63 °C

CAPÍTULO 6

| 113

SOUS VIDE: MANUAL PARA COCÇÃO EM BAIXA TEMPERATURA

GALINHA COM PEQUI
(4 porções)

INGREDIENTES
Sal

1,5 kg de sobrecoxa de galinha caipira

Óleo de milho q.b.

120 g de cebola em *brunoise*

80 g de pimentão verde em *brunoise*

120 g de tomate em *concassé*

10 g de alho em *brunoise*

2 g de pimenta dedo-de-moça em *brunoise*

12 g de cúrcuma em pó

400 g de pequi (12 a 16 unidades)

400 g de caldo escuro de galinha (ver receita de caldo de frango na p. 86)

Salsa e cebolinha q.b., para decorar

MODO DE PREPARO
Faça uma salmoura a 3% de sal, cubra os pedaços de galinha e deixe por 12 horas na geladeira.

Em uma frigideira bem quente, com o óleo de milho, doure as sobrecoxas.

Resfrie imediatamente.

Na mesma frigideira, refogue a cebola, o pimentão, o alho, o tomate, a pimenta, o pequi e a cúrcuma, e deglace com o caldo escuro de galinha, deixando ferver por 2 minutos.

Resfrie imediatamente.

Envase a galinha, já dourada, com o molho.

Leve ao banho a 66 °C, por 15 horas.

Resfrie imediatamente.

Para servir, aqueça a 60 °C.

Decore com salsa e cebolinha.

Prato principal	
Centro-Oeste	
Temperatura do banho	66 °C
Tempo de cocção	15 h
Temperatura de serviço	60 °C

CAPÍTULO 6

SOUS VIDE: MANUAL PARA COCÇÃO EM BAIXA TEMPERATURA

MARRECO RECHEADO E REPOLHO-ROXO
(4 porções)

INGREDIENTES

MARRECO

1 marreco (com miúdos)

Sal e pimenta-do-reino

15 g de salsinha, cebolinha, alecrim e tomilho frescos

50 g de vinho branco seco

50 g de *bacon*

10 g de alho em *brunoise*

50 g de tomates *concassè*

25 g de conhaque

200 g de carne de marreco moída com os miúdos

100 g de cebola em *brunoise*

REPOLHO-ROXO

400 g de repolho-roxo em *chiffonade*

200 g de maça fuji ralada sem casca

40 g de suco de limão

40 g de açúcar demerara

2 g de *kümmel*

20 g de azeite

Sal e pimenta-do-reino

MODO DE PREPARO

MARRECO

Tempere o marreco com sal, pimenta-do-reino, alho e metade da mistura de ervas frescas e o vinho branco.

Deixe marinar por 8 horas na geladeira.

RECHEIO

Doure o *bacon*, o alho, o tomate *concassè* e deglace com o conhaque. Resfrie imediatamente.

Adicione a carne de marreco moída ao refogado e a outra metade da mistura de ervas.

Recheie o marreco e depois costure.

Envase o marreco inteiro e leve ao banho a 82 °C, com a sonda para temperatura coração a 66 °C.

Resfrie imediatamente.

REPOLHO-ROXO

Envase todos os ingredientes e leve ao banho a 85 °C, por 2 horas.

Resfrie imediatamente.

FINALIZAÇÃO

Desembale o marreco e leve ao forno a 60 °C, para desidratar a pele.

Depois doure a pele em uma salamandra ou com um maçarico.

Reaqueça o repolho-roxo a 63 °C e sirva com o marreco.

Prato principal	
Sul	
Temperatura do banho	82 °C/85 °C
Tempo de cocção	Até atingir 66 °C coração/2 h
Temperatura de serviço	Máxima de 66 °C

CAPÍTULO 6

| 121

SOUS VIDE: MANUAL PARA COCÇÃO EM BAIXA TEMPERATURA

MOQUECA DE BANANA-DA-TERRA
(4 porções)

INGREDIENTES
4 unidades de banana-da-terra cortadas em roletes de 8 cm e depois ao meio
Óleo de milho q.b.
100 g de cebola em macedônia
50 g de pimentão verde em macedônia
50 g de pimentão vermelho em macedônia
10 g de dente de alho em *brunoise*
100 g de tomate em *concassé*
2 g de pimenta dedo-de-moça em *brunoise*
25 g de azeite de dendê
150 g de leite de coco fresco
200 g de caldo de vegetais (ver receita na p. 86)
Sal e pimenta-do-reino
Coentro e cebolinha frescos

MODO DE PREPARO
Doure as bananas no óleo de milho.

Resfrie imediatamente a 5 °C e reserve.

Na mesma frigideira, refogue a cebola, os pimentões, o alho, o tomate e a pimenta dedo-de-moça com azeite de dendê, até ficarem dourados.

Junte o leite de coco, caldo de vegetais e corrija sal e pimenta.

Resfrie imediatamente a 5 °C e reserve.

Envase o refogado com as bananas douradas.

Leve ao banho a 85 °C, por 30 minutos.

Resfrie imediatamente.

Reaqueça a 60 °C e sirva com coentro e cebolinha.

Prato principal	
Nordeste	
Temperatura do banho	85 °C
Tempo de cocção	30 min
Temperatura de serviço	60 °C

SOUS VIDE: MANUAL PARA COCÇÃO EM BAIXA TEMPERATURA

O CHURRASCO PERFEITO
(4 porções)

INGREDIENTES

Páprica doce, páprica picante e cominho secos

Sal e pimenta-do-reino

Alho em pasta

1 kg de costela bovina

1 kg de costelinha suína

Gorduras (azeite, manteiga sem sal, banha de porco)

Alecrim, tomilho, orégano, manjerona e sálvia frescos

1 kg de peito bovino

1 kg de paleta de cordeiro

500 g de linguiça suína

1 kg de coxinha da asa de frango

1 kg de picanha em fatias

Flor de sal

MODO DE PREPARO

Tempere com condimentos a gosto as costelas bovina e suína e envase-as separadamente, com gordura, mais as ervas que preferir.

Leve ao banho a 63 °C, por 48 horas.

Resfrie imediatamente.

Tempere o peito bovino e a paleta de cordeiro e envase-os separadamente, com gordura e as ervas.

Leve ao banho a 63 °C, por 72 horas.

Resfrie imediatamente.

Tempere em separado a linguiça suína e as coxinhas da asa de frango e envase-as separadamente, com gordura.

Leve ao banho a 66 °C, por 1 hora e 2 horas, respectivamente.

Resfrie imediatamente.

Tempere a picanha e envase-a com gordura.

Leve ao banho a 50 °C, se quiser malpassada, ou a 60 °C, se quiser ao ponto, por 45 minutos.

Sirva imediatamente.

Observação importante: alterne os temperos e as gorduras entre as carnes, para que não fiquem todas com o mesmo sabor.

FINALIZAÇÃO

Para uma perfeita degustação, prepare um braseiro bem forte.

Pincele com gordura as peças já cozidas.

Grelhe muito rapidamente as peças.

Tempere-as com flor de sal, se necessário.

Prato principal	
Sul	
Temperatura do banho	63 °C/63 °C/66 °C/50 °C
Tempo de cocção	48 h/72 h/1 h e 2 h/45 min
Temperatura de serviço	60 °C

CAPÍTULO 6

SOUS VIDE: MANUAL PARA COCÇÃO EM BAIXA TEMPERATURA

SARAPATEL
(4 porções)

INGREDIENTES
800 g de fissura suína – língua, fígado, coração, pulmão, rins e traqueia

50 g de vinagre de álcool

Banha de porco q.b.

80 g de cebola em macedônia

30 g de pimentão verde em macedônia

20 g de extrato de tomate

5 g de alho em *brunoise*

2 g de folhas de louro frescas

80 g de tomate em cubos

300 g de caldo de vegetais (ver receita na p. 86)

Coentro, salsinha e cebolinha q.b. para decorar

MODO DE PREPARO
Afervente duas vezes a fissura completa, trocando a água entre as fervuras.

Coloque o vinagre de álcool na fissura e deixe 15 minutos na geladeira.

Lave a fissura e deixe escorrer em um *chinois*.

Corte a fissura em cubos de aproximadamente 0,5 cm.

Aqueça uma frigideira com a banha de porco e doure bem as carnes.

Deixe as carnes em um *chinois*, para escorrer o excesso de gordura.

Na mesma frigideira, junte a cebola, o pimentão, o extrato de tomate, o alho, o louro e o tomate e deixe dourar ligeiramente.

Resfrie imediatamente.

Envase a vácuo a fissura já dourada com o refogado e o caldo de vegetais.

Leve ao banho a 63 °C, por 12 horas.

Resfrie imediatamente.

Reaqueça a 60 °C para servir decorado com as ervas.

Prato principal	
Nordeste	
Temperatura do banho	63 °C
Tempo de cocção	12 h
Temperatura de serviço	60 °C

CAPÍTULO 6

| 133

SOBREMESAS

SOUS VIDE: MANUAL PARA COCÇÃO EM BAIXA TEMPERATURA

AMBROSIA
(4 porções)

INGREDIENTES
300 g de leite condensado
40 g de suco de laranja
15 g de suco de limão
150 g de ovos
2 g de canela em pau
1 g de cravo-da-índia
1 g de anis-estrelado
2 g de *zester* de laranja
1 pitada de sal

MODO DE PREPARO
Misture todos os ingredientes.
Refrigere até atingir 5 °C.
Envase a vácuo o líquido com as especiarias e o *zester* de laranja.
Leve ao banho a 85 °C, por 10 horas.
Resfrie imediatamente.

Sobremesa	
Sul	
Temperatura do banho	85 °C
Tempo de cocção	10 h
Temperatura de serviço	5 °C

SOUS VIDE: MANUAL PARA COCÇÃO EM BAIXA TEMPERATURA

LEITE CONDENSADO E TEMPO

(6 a 8 porções, por caixa)

INGREDIENTES

7 caixas de 395 g de leite condensado

MODO DE PREPARO

Escreva em cada caixinha o tempo de cocção: 5, 8, 10, 12, 15, 18 e 24 horas.

Envase a vácuo individualmente cada caixinha de leite condensado.

Leve ao banho a 85 °C.

Resfrie imediatamente.

Sobremesa	
De Norte a Sul	
Temperatura do banho	85 °C
Tempo de cocção	5 h a 24 h
Temperatura de serviço	5 °C

CAPÍTULO 6

| 143

PAMONHA
(4 porções)

INGREDIENTES
5 espigas de milho-verde frescas

75 g de açúcar demerara

150 g de leite integral

25 g de manteiga sem sal

1 pitada de sal

MODO DE PREPARO
Faça uma infusão a quente do leite, com 4 palhas de milho cortadas em tirinhas, e resfrie.

Processe o milho, o açúcar e o leite (já coado) e passe por uma peneira média, para retirar o excesso de bagaço.

Junte esse creme de milho com a manteiga derretida e resfrie.

Envase em sacos individuais ou em fôrmas.

Leve ao banho a 85 °C. O tempo vai depender da fôrma utilizada. Caso seja semelhante a uma pamonha regular, 30 minutos.

Resfrie imediatamente.

Reaqueça a 60 °C para servir.

Sobremesa	
Centro-Oeste	
Temperatura do banho	85 °C
Tempo de cocção	Variável
Temperatura de serviço	60 °C

CAPÍTULO 6

| 147

SOUS VIDE: MANUAL PARA COCÇÃO EM BAIXA TEMPERATURA

SAGU AO VINHO TINTO
(4 porções)

INGREDIENTES
250 g de vinho tinto seco
250 g de suco de uva
50 g de açúcar refinado
1 g de cravo-da-índia
2 g de canela em pau
1 g de anis-estrelado
100 g de água
80 g de sagu de mandioca
Nata q.b.

MODO DE PREPARO
Ferva o vinho tinto, o suco de uva, o açúcar e as especiarias para reduzir até 400 g.

Resfrie imediatamente a 5 °C.

Envase a redução coada, a água e o sagu.

Leve ao banho a 85 °C, por 1 hora.

Resfrie imediatamente.

Sirva com nata batida.

Sobremesa	
Sul	
Temperatura do banho	85 °C
Tempo de cocção	1 h
Temperatura de serviço	5 °C

CAPÍTULO 6

| 151

CAFÉ

(4 porções)

INGREDIENTES
50 g de pó de café
1 L de água

MODO DE PREPARO
Coloque o pó de café na água e envase.
Leve ao banho por 10 minutos, a 90 °C.
Sirva imediatamente.

REFERÊNCIAS

ANGÈ, D. *Atmosfera zero: viaggio nel gusto a bassa temperatura*. Milano: Italian Gourmet, 2016.

ARAÚJO, W. M. C. *et al. Alquimia dos alimentos*. 2. ed. Brasília: Senac, 2011.

BARRETO, R. L. P. *Passaporte para o sabor: tecnologias para elaboração de cardápios*. 7. ed. São Paulo: Editora Senac São Paulo, 2008.

CITTERIO, A. *CBT: cottura a bassa temperatura*. Firenze: Giunti Editore, 2017.

DAMODARAN, S.; PARKIN, K. L.; FENNEMA, O. R. *Química de alimentos de Fennema*. 4. ed. Porto Alegre: Artmed, 2010.

JAMES, S. *The essential sous vide cookbook*. Berkeley: Rockridge Press, 2016.

FETTERMAN, L. Q. *Sous vide at home*. Berkeley: Ten Speed Press, 2016.

GERMANO, P. M. L.; GERMANO, M. I. S. *Higiene e vigilância sanitária dos alimentos: qualidade das matérias-primas, doenças transmitidas por alimentos, treinamentos de recursos humanos*. 5. ed. Barueri: Manoele, 2015.

HAUMONT, R. *Um químico na cozinha: a ciência da gastronomia molecular*. Rio de Janeiro: Zahar, 2016.

KATHURIA, D. *et al. Sous vide, a culinary technique for improving quality of food products: A review*. Trends Food Sci. Technol. 2022, 119, 57-68.

KELLER, T. *Undeer pressure: cooking sous vide*. New York: Artisan, 2008.

LE CAISNE, A. *Le manuel du garçon boucher*. Hachette Livre (Marabout), Paris, 2017.

LUISE, F. *Cottura Abbattimento Ritorno: food management del XXI secolo*. Genova: Bibliotheca Culinaria, 2015.

MAINCENT-MOREL, M. *La cuisine de reference: techniques et préparations de base fiches techniques de fabrication*. Paris: Editions BPI, 2003.

MCGEE, H. *Comida e cozinha: ciência e cultura culinária*. 2. ed. São Paulo: WMF Martins Fontes, 2014.

MYHRVOLD, N.; YOUNG, C.; BILET, M. *Modernist Cuisine: the art and science of cooking*. Bellevue: The Cooking Lab, 2011.

ROCA, J.; BRUGUÉS, S. *La cocina al vacio sous vide cuisine*. 6. ed. Barcelona: Montguad Editores, 2014.

SILVA JUNIOR, E. A. *Manual de controle higiênico-sanitário em serviços de alimentação*. 7. ed. São Paulo: Livraria Varela, 2014.

TANGGAARD, K. *Le guide de la cuisine* sous vide *et de la cuisson basse température: Plus de 150 recettes étape par étape et plus de 500 combinaisons temps/température*. Paris: Chêne, 2020.

ZAVADLAV, S. *et al. Sous-Vide as a Technique for Preparing Healthy and High-Quality Vegetable and Seafood Products*. Foods 2020, 9, 1-28.

A Editora Senac Rio publica livros nas áreas de Beleza e Estética, Ciências Humanas, Comunicação e Artes, Desenvolvimento Social, Design e Arquitetura, Educação, Gastronomia e Enologia, Gestão e Negócios, Informática, Meio Ambiente, Moda, Saúde, Turismo e Hotelaria.

Visite o site **www.rj.senac.br/editora**, escolha os títulos de sua preferência e boa leitura.

Fique atento aos nossos próximos lançamentos!

À venda nas melhores livrarias do país.

Editora Senac Rio

Tel.: (21) 2018-9020 Ramal: 8516 (Comercial)

comercial.editora@rj.senac.br

Fale conosco: faleconosco@rj.senac.br

Este livro foi composto nas tipografias Avenir LT Std e Bitter e impresso pela Imos Gráfica e Editora Ltda., em papel couché matte 150 g/m^2, para a Editora Senac Rio, em setembro de 2022.